Stephan Eberhardt

Ingrid Reimer

Verbindliches Leben

in Bruderschaften, Kommunitäten, Lebensgemeinschaften

Mit einem einleitenden Beitrag von Helmut Claß und Selbstzeugnissen der Gemeinschaften

Quell Verlag Stuttgart

Der Abdruck von Textauszügen und Zitaten erfolgt mit freundlicher Zustimmung der jeweiligen Gemeinschaften.

ISBN 3-7918-2172-5

1. Auflage 1986
Umschlaggestaltung: Heinz Simon, Quell Verlag Stuttgart
Umschlagfoto: Hans Lachmann
Satz und Druck: Quell Verlag Stuttgart

Inhalt

Vorwort

»Bruderschaften und Kommunitäten« sind im evangelischen Raum längst zu einem Begriff geworden. Mit ihren Angeboten an geistlichen Einkehrzeiten und Meditationstagungen, mit ihrer Mitarbeit auf den Kirchentagen und bei anderen Veranstaltungen tragen sie wesentlich zum spirituellen Leben in der Kirche bei. Ihre besondere Form des Gemeinschaftslebens kam vor allem im Zuge einer allgemeinen Suche nach alternativen Lebensformen in den Blick. Daher ist das Interesse gewachsen, näheres über diese Gemeinschaften zu erfahren.

Seit dem von Lydia Präger 1959 herausgegebenen, in der 2. Auflage 1963 erschienenen Handbuch mit Selbstdarstellungen von evangelischen Bruder- und Schwesternschaften gab es keine Veröffentlichung mehr, in der man sich umfassend informieren konnte. Entweder wurde nur eine Auswahl der bekannteren Gruppen gebracht, oder es entstanden mehr thematische Abhandlungen – zuletzt das grundlegende Werk »Kirche und Kommunität« von Johannes Halkenhäuser.

Das vorliegende Buch will nun in einer knappen und übersichtlichen Darstellungsweise einen Gesamtüberblick über den Komplex »Bruderschaften und Kommunitäten« in der Bundesrepublik Deutschland geben.

Vorgestellt werden rund 50 Bruder- und Schwesternschaften, Kommunitäten und neuere Lebensgemeinschaften, die ihren Standort innerhalb der evangelischen Kirche haben. In steckbriefartiger Kürze werden zunächst jeweils die wichtigsten Informationen nach einem einheitlichen Schema zusammengefaßt. Dann kommen die Gruppen mit kleinen Eigenbeiträgen und Textbeispielen selbst zu Wort – Ausschnitte aus ihrem Alltag, besondere Erlebnisse und Erfahrungen, Zeugnisse ihrer Spiritualität –, die ihre Wesenszüge vielleicht deutlicher hervortreten lassen als umfassende Gesamtdarstellungen. Diese Texte kann man auch wie ein Lesebuch durchblättern, und man mag dabei manche persönliche Anregung empfangen.

Den Einzeldarstellungen ist ein allgemeiner Teil vorangestellt, der das Verständnis dieser in unserem Jahrhundert neu aufgetretenen evangelischen Gemeinschaften aufschließen möchte.

Bischof D. Helmut Claß, der Beauftragte der EKD für den Kontakt zu den Kommunitäten, hat in einem einleitenden Beitrag herausgearbeitet, wie unsere Volkskirche gerade in ihrer heutigen Situation auf Impulse solcher Gemeinschaften angewiesen ist. Anstöße zu dieser Arbeit habe ich durch zahlreiche persönliche Begegnungen empfangen, die unter anderem auch durch meine Tätigkeit in der Evangelischen Zentralstelle für Weltanschauungsfragen ermöglicht wurden. Die intensive Beschäftigung mit den Gruppen und den verschiedenen Texten war für mich selbst sehr bereichernd. So hoffe ich, daß ich mit diesem Buch auch für andere einen Dienst tun kann, der gewiß auch im Sinne der Gemeinschaften liegt.
Ein herzlicher Dank sei den Bruderschaften und Kommunitäten selbst gesagt für ihre Bereitschaft, bei diesem Vorhaben mitzuwirken, besonders aber all denen, die mit ihrem Rat, ihren Vorschlägen und Korrekturen das Entstehen des Manuskripts begleitet haben.

Stuttgart, im August 1985 *Ingrid Reimer*

Helmut Claß

Kommunitäten – Kirche – Gemeinde

Nein, idealisieren darf man sie nicht, die evangelischen Kommunitäten, die Gott in unserem von Krisen geschüttelten Jahrhundert erweckt und unserer Kirche geschenkt hat. Keine dieser geistlichen Gemeinschaften ist eine »Insel der Seligen« im manchmal trüben, manchmal aufgewühlten Meer der Volkskirche. Sie wollen das nicht sein und sie können das nicht sein. Auch kommunitär lebende Menschen sind und bleiben Menschen. Menschen von Fleisch und Blut. Aber eben Menschen, die durch ihr Da-Sein und durch ihr So-Sein eine heilsame Unruhe verbreiten in einer unheilvoll zwischen Sicherheit und Verzagtheit hin und her gerissenen Kirche. Eine heilsame Unruhe! Weil sie unsere Kirche daran erinnert, daß die Reformation kein abgeschlossener Vorgang ist, sondern ihren Fortgang nehmen will, auch in unserer vom technischen Säkularismus geprägten Zeit. Ein Fortgang, der jedoch nichts zu tun hat mit irgend einem Fortschrittsglauben, wohl aber mit dem alten Ruf: ad fontes – zurück zu den Quellen. Denn eine Kirche, die ihre Herkunft vergißt, wird auch keine Zukunft haben. Es ist gut, daß die Kommunitäten – jede auf ihre Weise – unsere Kirche in dieser Hinsicht unruhig machen.

Freilich – so wenig evangelische Kommunitäten idealisiert werden dürfen, so wenig kann man sie kopieren oder imitieren. Wohl aber ist es möglich und sinnvoll, über Wesen, Weg und Werk dieser Gemeinschaften zu meditieren und sich von ihnen inspirieren zu lassen. Nicht nur im Blick auf den eigenen geistlichen Weg, sondern auch im Blick auf die Zukunft der Gemeinde und Kirche. Jede der Kommunitäten bejaht und liebt ihre Kirche. Und zwar nicht nur die unsichtbare Kirche, sondern auch die sichtbare, verfaßte Kirche, die sog. »Amtskirche«, wie sie von ihren vielen Verächtern oft genannt wird. Man hält in den Kommunitäten daran fest, daß die Kirche nicht verwechselt werden darf mit »gesellschaftlich relevanten Gruppen«, weil sie nach Gottes Willen ein »geistliches Haus« (1. Petr. 2,5), also eine spirituelle Wirklichkeit in dieser Welt ist. Aber man verfällt keinem spiritualistischen Kirchenbegriff und rechnet damit, daß jene unsichtbare Kirche »in, mit und unter« der sichtbaren Kirche lebt, und man weiß auch, daß Gottes Geist nicht sozusagen frei im Raume schwebt, sondern sich immer einen Rahmen, ein Gefäß, ein Instrument schafft – aus Menschen mit ihren Vorstellungen und Ordnungen. »In der Kirche, mit der Kirche, im Gegenüber zur Kirche«, so bejahen die Kommunitäten, jede auf die ihrer Berufung gemäße Weise, ihre Kirche.

Allerdings – dieses Ja ist kein unkritisches Ja. Wer auf seine Kirche mit dem Blick der Liebe sieht, entdeckt rasch ihre Schadstellen. Aber er wird nicht stehen bleiben beim Protestieren, Resignieren oder gar Kapitulieren vor der Größe und Tiefe des Schadens. Geistliche Mißstände erkennen und anprangern, das ist das eine. Diese Mißstände erkennen und sie beseitigen helfen, das ist das andere. Die Kommunitäten haben sich für das letztere entschieden. Sie wollen keineswegs besser sein als volkskirchliche Gemeinden. Solch geistlicher Hochmut käme vor dem Fall. Aber sie möchten dem »Schaden Josefs« (Spener) entschlossen auf den Leib rücken, an ihrem Ort und auf ihre Weise, in der Kraft des Heiligen Geistes, der nicht ein »Geist der Furcht, sondern der Kraft, der Liebe und der Besonnenheit« (2. Tim. 1,7) ist. Darum ist ihnen billige und hochnäsige Kirchenkritik fremd.

Einige der volkskirchlichen Schadstellen seien genannt:

Entscheidungslosigkeit. »Religion ohne Entscheidung« lautet der Titel eines Buches, in dem der frühere Hamburger Bischof Hans-Otto Wölber schon vor etlichen Jahren die geistliche Situation in den meisten volkskirchlichen Gemeinden zusammenzufassen versuchte. Die Diagnose stimmt auch heute noch. Nach wie vor werden die allermeisten Kinder evangelischer Eltern zur Taufe gebracht. Dennoch – die Taufvergessenheit ist nach wie vor unerträglich groß. Leben aus der Taufe? Ein kaum irgendwo erörtertes Thema. Da legt also der dreieinige Gott in der Taufe einem Menschen – erstmalig und letztmalig! – die Hand auf die Stirn und sagt es ihm »auf den Kopf« zu, daß er sich niemals mehr von ihm trennen werde. Und die Reaktion des Getauften? Sie bleibt weithin aus. Die Heilszueignung durch Gott wartet vergeblich auf die Heilsaneignung durch den Menschen. Taufvergessenheit wird zur Taufverachtung. Die Grundentscheidung entfällt. Kein Wunder, herrscht große Unsicherheit in den vielen Einzelentscheidungen, die jedem Menschen täglich abverlangt werden. Kein Wunder, ist der sog. Laie weithin sprachlos, obwohl doch der Missionar des 20. Jahrhunderts der Laie und nicht der Theologe ist. Kein Wunder, wirkt das Zeugnis der Kirche kraftlos und wenig überzeugend, weil viele ihrer Glieder von lauter nicht vollzogenen Entscheidungen her zu leben versuchen.

Das muß doch wohl so nicht bleiben. Könnte nicht von den Kommu-

nitäten her ein geistlicher Anstoß erfolgen? In diesen Gemeinschaften leben doch Menschen, die für sich den Ruf Jesu: »Her hinter mich!« (Matth. 4,19) gehört haben und ihm auch gefolgt sind.
Hier leben doch Menschen, für die das Wort »Berufung« mehr als nur das Thema einer Predigt war, sondern eine Inpflichtnahme durch Jesus Christus.
Hier leben doch Menschen, für die das Wort »Profeß« kein Fremdwort ist, sondern Ausdruck für die Ganzheitlichkeit einer Lebenshingabe an den, der sich zuerst an uns Menschen hingegeben hat – ohne Vorbehalt, ganz.

Orientierungslosigkeit. Es sind keineswegs immer nur Christen, die darunter leiden, daß sie »desorientiert« leben müßten. »Man weiß nicht mehr, wo es lang geht.« Insbesondere im ethischen Bereich herrscht große Unklarheit. Auch Politiker bekommen es zu spüren, daß wir in einer »Zeit vollkommener Mittel und verworrener Ziele« (Albert Einstein) leben. Manchmal hört man sogar die besorgte Frage, ob ein Volk überhaupt noch regierbar sei, wenn es nicht mehr recht gelingen will, einen ethischen Minimalkonsens herbeizuführen. Eine unerhörte Herausforderung für eine Kirche, die sich als Volkskirche versteht! Aber auch eine Chance. Allmählich scheint es in unserem Volk zu dämmern, daß »Ethik« zur glatten, billigen, kraftlosen Moral verfällt, wenn sie nicht Folgeerscheinung der »Dogmatik« ist. Mit anderen Worten: Wer nicht den Ruf »Mensch, wo bist du« (1. Mose 3,9) vernommen und seinen Platz bei Gott, unter Gott eingenommen hat, der kommt höchstwahrscheinlich im Dschungel unserer Zeit nicht zurecht. Aber – den Platz bei Gott, unter Gott einnehmen, wie sieht das aus? Die Urchristenheit hat diese Frage so beantwortet: »Sie blieben aber beständig in der Lehre der Apostel und in der Gemeinschaft und im Brotbrechen und im Gebet« (Apg. 2,42). Wer sein Denken und Verhalten an diesen vier »Eckwerten« orientiert, wird auch in wirrer Zeit und in einer weglosen Welt nicht ohne Klarheit zumindest über den nächsten Schritt bleiben. Freilich, die Wirklichkeit – sie sieht nicht sehr danach aus...
Aber auch das kann doch wohl anders werden. Wahrscheinlich gibt es keine Gruppierungen in unserer Kirche, die sich mehr mühen, jene christliche »Magna Charta« aus Apg. 2,42 ernstzunehmen, als die Kommunitäten. Leben aus dem Wort. Verbindliche Gemeinschaft. Beheimatung am Tisch des Herrn. Ausharren im Gespräch mit Gott – darum geht es in jeder Kommunität. Darum sollte es auch in jeder Gemeinde, in jedem Christenleben gehen, wenn es zielgerichtet verlaufen soll. Es ist jedenfalls nicht einzusehen, weshalb

kommunitär und nicht-kommunitär lebende Christen sich nicht gegenseitig helfen könnten, sich an jener vierfachen urchristlichen Regel zu orientieren. Anders gibt es kein »in Gottes Wort gefangenes Gewissen«, das allein befreien kann aus Ratlosigkeit und das allein bewahren kann vor der Verwechslung eigener Wünsche mit dem Willen Gottes.

Gemeinschaftslosigkeit. Man kann es nicht übersehen, daß die Vermassungsprozesse in unserer Gesellschaft immer noch zunehmen, während die personalen Strukturen, ohne die es keine wahrhaft menschliche Gesellschaft gibt, abnehmen. Der Mensch gerät mehr und mehr hinein in eine »metaphysische Einsamkeit« (Heinrich Vogel). Ohne eine tragfähige Gemeinschaft kann der Mensch aber nicht Mensch werden. »Ich werde, weil du mit mir sprichst, für mich da bist.« Das ist eine Grunderfahrung jedes Menschen. Allem Anschein nach gerät sie immer mehr in Vergessenheit – leider auch in der Kirche. Eine Kirche aber, die hier versagt, versagt an einer ganz entscheidenden Stelle. Ohne Frage: Es geschieht wahrlich nicht nichts, um die Nöte einer gemeinschafts-armen Kirche zu beheben. Aber seltsam: Wenn ein Mensch sich erst einmal an seine Vereinsamung gewöhnt hat, dann tut er sich schwer, das Angebot einer Gemeinschaft anzunehmen. Die Gemeinschaftsunfähigkeit ist zu seiner anderen Natur geworden. Ganz ohne Frage: Pädagogische und psychologische Einsichten und Erfahrungen können ein gutes Stück weiterhelfen, wenn es darum geht, einem kontaktschwachen oder gar kontaktunfähigen Menschen Schritt für Schritt zur Gemeinschaftsfähigkeit zu verhelfen. In der Christenheit wird man freilich nicht außer acht lassen dürfen, was die Bibel mit den drei inhaltschweren Worten andeutet: »Gemeinschaft am Evangelium« (Phil. 1,5). Offensichtlich fangen die Gemeinden erst ganz allmählich an, die gemeinschaftsbildende Kraft des Evangeliums von der menschensuchenden Liebe Gottes zu entdecken. Der Mensch – das gesuchteste Wesen. Den anderen lieben, nicht obwohl er anders ist, als man ihn sich wünscht, sondern weil er anders ist. Im anderen den Träger der Gegenwart Jesu glaubend entdecken. »Ich weiß, du brauchst mich nicht, aber ich brauche dich jetzt.« Wir sind noch weit entfernt von dieser »Gemeinschaft am Evangelium«.
Aber auch dieser Abstand muß doch wohl nicht bleiben. Zumindest läßt er sich verringern. Kommunitär lebende Christen, die das Wagnis einer verbindlichen Gemeinschaft eingegangen sind und darin bleiben, können doch Gemeindeglieder auf Grund eigener Erfahrungen ermutigen, entschlossen den Weg vom Ich zum Wir zu beschrei-

ten. Dabei müßte Größe und Grenze, Segen und Last auch einer im Evangelium gegründeten Gemeinschaft aufgezeigt werden. Aber es bleibt bei der Feststellung Zinzendorfs: »Ohne Gemeinschaft statuiere ich kein Christentum.« Und das andere ist auch wahr: Ohne ein Miteinander, ohne ein Wirbewußtsein werden wir den kommenden Herausforderungen kaum gewachsen sein.

Zum Verständnis der Gemeinschaften

1. Definition und Abgrenzung

Bruderschaften und Kommunitäten, dazu neuere Lebensgemeinschaften, stellen eine spezielle Form evangelischer Frömmigkeit dar, die in unserem Jahrhundert neu hervorgetreten ist. Freilich handelt es sich im einzelnen um recht verschiedenartige Gebilde. Große Gemeinschaften mit einigen hundert Mitgliedern stehen neben ganz kleinen Gruppen. Sie haben jeweils einen verschiedenen frömmigkeitsgeschichtlichen Hintergrund und befinden sich in unterschiedlichen Phasen ihrer Entwicklung. Auf der einen Seite sind es lose, mehr vereinsmäßige Zusammenschlüsse, auf der anderen Seite strenge ordensähnliche Gemeinschaften mit lebenslanger Bindung. Auch die Selbstbezeichnungen der Gruppen sind uneinheitlich: Bruderschaft bzw. Schwesternschaft wechselt mit Kommunität (Communität); daneben stehen Bezeichnungen wie Orden oder Ordo, Kloster, Cella, Gilde, Konvent, Familiaritas, Lebenszentrum, Wohngemeinschaft, Großfamilie, Basisgemeinde usw.
Um die Grundtypen dieser Gemeinschaftsformen zu unterscheiden, hat sich folgender Sprachgebrauch eingebürgert:

»Bruderschaften« sind Gemeinschaften, »in denen Männer und Frauen inmitten der Welt des Berufs, der Ehe und der Familie den Schritt aus der Unverbindlichkeit eines weithin bürgerlich angepaßten ›Christseins ohne Entscheidung‹ zu einer verbindlichen und verpflichtenden Gestalt gelebten Glaubens vollziehen« (Halkenhäuser).

»Kommunitäten« – aus dem Englischen (community) bzw. Französischen (communauté) übernommen – sind »Gemeinschaften von Personen, die sich einer geregelten Form gemeinsamen Lebens und bestimmten, feierlich geleisteten Verpflichtungen unterworfen haben« (Gerd Heinz-Mohr). Nach einer anderen Definition handelt es sich um »Gruppen von Männern und/oder Frauen, die durch freiwillige Bindung an die klassischen ›Evangelischen Räte‹ (Armut, Ehelosigkeit, Gehorsam) und deren Ratifizierung durch Gelübde die Verwirklichung des Evangeliums in bleibender Gemeinschaft zu ihrem Lebensentwurf machten« (Halkenhäuser). Es handelt sich also um Gruppen eheloser Männer bzw. Frauen.

Neben diesen Grundformen, die bereits als »klassisch« bezeichnet werden können, entstehen in jüngerer Zeit neue geistliche **Lebensgemeinschaften** in Familienkommunitäten, Großfamilien, therapeutischen Gemeinschaften und anderen geistlichen Zellen. – Zunehmend wird für solche kleineren Familiengemeinschaften ebenfalls die Bezeichnung »Kommunität« angewandt (gerade auch im katholischen Raum), womit sich offensichtlich ein Bedeutungswandel des Begriffs anbahnt.

Will man alle diese Gemeinschaften unter einen Begriff zusammenfassen, so könnte man sie als »verbindliche geistliche Gemeinschaften« bezeichnen. Damit wird gesagt: Es handelt sich um organisierte Gemeinschaften, die eine gewisse Stabilität erreicht haben; sie sind durch ein geistliches Grundanliegen geprägt; die einzelnen Glieder binden sich durch bestimmte Verpflichtungen. Dabei ist die Verwirklichung christlicher Gemeinschaft in der Nachfolge Jesu das primäre Anliegen; praktische Aufgaben kommen hinzu, waren aber in der Regel nicht bestimmend für die Entstehung.
Die in diesem Buch behandelten Gemeinschaften unterscheiden sich demnach sowohl von losen Kreisen oder Zusammenschlüssen (z.B. Gemeinschaftskreise, CVJM- oder EC-Gruppen, Gemeindekreise) wie auch von solchen Gruppen, die von ihrem Ansatz her auf diakonische oder gesellschaftliche Aufgaben ausgerichtet sind (z.B. Diakonengemeinschaften, kirchliche Bruderschaften mit einem mehr politischen Auftrag, Friedensgruppen, Dritte-Welt-Aktivitäten u.ä.).
Doch sind die Grenzen fließend: Auch in Diakonissenhäusern, bei den Hausgemeinschaften christlicher Heime, bei therapeutischen Wohngemeinschaften usw. findet man geistliche Gemeinschaftsformen, die den kommunitären sehr ähnlich sind. Und es gibt losere Gruppen und Kreise mit einer Verbindlichkeit, die durchaus mit bruderschaftlichen Formen zu vergleichen ist, z.B. im Marburger Kreis, in Mitarbeiterkreisen mancher CVJM-Gruppen, im Offenen Abend Stuttgart oder auch in gemeindlichen Haus- und Gebetskreisen. Dieser weitere Bereich muß mitgesehen werden, wenn hier eine bestimmte Tradition verbindlicher Gemeinschaften herausgestellt wird.

2. Historischer Hintergrund

Mit der kritischen Einstellung der Reformatoren gegenüber dem Ordensstand als einer geistlich höheren Stufe wurde eine grundsätzliche Ablehnung mönchischen Lebens innerhalb des Protestantismus eingeleitet. Nur einzelne Klöster haben sich in umgewandelter Form im evangelischen Raum gehalten, zum Beispiel in Niedersachsen.
Ansätze zur Verwirklichung gemeinsamen Lebens brachte erstmals der Pietismus wieder hervor. Besonders die Herrnhuter Brüderunität des Grafen Zinzendorf ist hier zu nennen; weniger bekannt ist die »Brudergesellschaft auf der Otterbeck« (bei Mülheim/Ruhr), die auf das Wirken Gerhard Tersteegens zurückgeht. Im 19. Jahrhundert entstanden dann mit den Diakonen- und Diakonissenhäusern bruderschaftlich-kommunitäre Formen innerhalb des diakonischen Bereichs, die man als Vorformen der heutigen Kommunitäten bezeichnen kann.
Die Erschütterungen des Ersten Weltkriegs, die Neuordnung des kirchlichen Lebens in der Weimarer Republik und die Neuorientierung der Theologie in den 20er Jahren (Luther- und Calvinrenaissance, Dialektische Theologie) bereiteten den Boden für ein Wiedererstehen geistlichen Gemeinschaftslebens in den evangelischen Kirchen (Halkenhäuser.) Zunächst entstanden verschiedene Bruderschaften, einige aus erwecklicher Tradition, einige mit hochkirchlicher Tendenz, manche speziell für Pfarrer.
Erst nach dem Zweiten Weltkrieg kam es zur Gründung von Kommunitäten. Mit dem äußeren und inneren Zusammenbruch von 1945 setzte ein Suchen nach gültigen Werten und Lebensformen ein. Christen aus einer Generation, die im Nationalsozialismus die Forderung zur radikalen Hingabe an eine Idee erlebt hatte, konnten jetzt die Konsequenz eines Lebens nach biblischem Vorbild neu entdecken. Einige der Kommunitäten entstanden ganz unmittelbar im Zusammenhang mit Ereignissen der Kriegs- und Nachkriegszeit.
Zunächst bildeten sich strengere monastische Gemeinschaften. Dann lockerten sich die Formen: Die einen gliederten an ihre Kommunität einen Zweig für Familien an (z.B. Jesus-Bruderschaft), die anderen wandelten sich zur »Hausgemeinschaft« um, in welche Familien und Ledige integriert wurden (z.B. Laurentiuskonvent). Und es entstanden neue Familiengemeinschaften (z.B. Offensive Junger Christen). Auch diese Entwicklungen können im Zusammenhang mit der zeitgeschichtlichen Situation gesehen werden, das heißt mit der seit Ende der 60er Jahre auftretenden Tendenz zur alternativen Lebensgestaltung und Gemeinschaftsbildung.

3. Frömmigkeitsgeschichtliche Zusammenhänge

Jede Gemeinschaft hat ihre ganz individuelle Prägung, die durch viel Unwägbares mitbestimmt ist. Sicher spielen dabei die Persönlichkeit des Gründers und die besondere Situation des Beginns eine entscheidende Rolle. Darüber hinaus stehen die einzelnen Gruppen natürlich auch in bestimmten Traditionen, von denen sie jeweils mitgeprägt sind. Zum Verständnis ihrer Frömmigkeit und Spiritualität sollen daher die wichtigsten dieser Traditionsstränge aufgeführt werden.

Monastische Tradition
Die strengeren Kommunitäten, in denen sich ledige Männer oder Frauen zu lebenslangem Miteinander verpflichten, sind den katholischen Orden vergleichbar. Zwar haben sie sich nicht in der ausgesprochenen Absicht gebildet, die katholische Mönchstradition aufzugreifen. Doch brachte es die ähnliche Lebensform und geistliche Ausrichtung mit sich, daß sich entsprechende Grundprinzipien entwickelten, oder daß man an alte mönchische Formen unmittelbar anknüpfte. Die Brüder von Taizé etwa betonen, daß sie ganz neu »die wesentlichen Grundsätze des gemeinschaftlichen Lebens wiederentdecken« wollten; dabei fanden sie von neuem die »drei Fundamente«, die den monastischen Gelübden entsprechen: Gütergemeinschaft, Zölibat, Anerkennung einer Autorität.
Andere Gemeinschaften (z.B. Communität Casteller Ring) hatten von Anfang an Verbindung zu katholischen Orden und empfingen von dort wesentliche Anregungen. Heute bestehen vielfältige Kontakte zwischen den »klösterlichen« Gemeinschaften der verschiedenen Konfessionen, und man kommt zu brüderlichem Austausch zusammen.
Die innere Verbindung zeigt sich vor allem in zwei Bereichen:
Ora et labora – bete und arbeite! Dieser alte benediktinische Grundsatz verwirklicht sich in einem ausgewogenen Rhythmus von Gebet und praktischer Arbeit, von Öffnung zu Gott hin und Zuwendung zu dieser Welt, von »Kampf und Kontemplation«, wie man in Taizé sagt. Nicht Rückzug aus der Welt bedeutet das kontemplative Leben, sondern ein inneres Kraftschöpfen, um den Menschen dienen zu können. Dabei ordnen regelmäßige Gebetszeiten entsprechend den altkirchlichen Stundengebeten (Horen) den Tageslauf und geben ihm seinen geistlichen Rhythmus.
Die Bindung durch »Gelübde« widerspricht zunächst dem prote-

stantischen Bewußtsein von der Freiheit eines Christen. Daher wurde über diesen Punkt in den Bruderschaften und Kommunitäten viel reflektiert. Es zeigte sich freilich, daß gemeinsames Leben nicht ohne feste Bindungen und Verpflichtungen möglich ist, die sich in den Gruppen mit der Zeit zu einer »Regel« verdichteten.

Die drei traditionellen Gelübde – nach altem Brauch auch »Evangelische Räte« (Empfehlungen vom Evangelium her) genannt – wurden verschieden interpretiert, zum Beispiel als »Verpflichtungen«, »Versprechen«, »Engagements«, »Leuchtzeichen«. Auch Familiengemeinschaften halten sich in entsprechender Abwandlung an diese Regeln. Immer bleibt dabei im Bewußtsein, daß solche »Bindung« nicht in die persönliche Unfreiheit führen will, sondern zu einer inneren Unabhängigkeit, die zu einer ganz neuen Grundhaltung befreit.

An klösterliche Tradition erinnert schließlich das Tragen einer Tracht (bei manchen Gemeinschaften nur im Gottesdienst); auch gewisse Strukturelemente sind vergleichbar.

Hochkirchlich-liturgische Strömung

Die bruderschaftlichen und kommunitären Bewegungen unseres Jahrhunderts sind nicht zu denken ohne die hochkirchlichen und liturgischen Bestrebungen seit den 20er Jahren. Hier wurde im Rückgriff auf altkirchliche Traditionen eine Entwicklung innerhalb des Protestantismus eingeleitet, die sich bis in unsere Tage ausgewirkt hat. Ziel war vor allem die Erneuerung des Gottesdienstes, von der man sich wesentliche Impulse für das kirchliche Leben erhoffte. Die große Wertschätzung des sakramentalen Lebens zeigte sich in der Einführung der Deutschen Messe als Vollgottesdienst mit Wort und Sakrament. Man bemühte sich des weiteren um die Belebung liturgischer Gebetsformen wie Stundengebet und Breviergebet. Auch setzte man sich für die Wiedereinführung der altkirchlichen Ämter ein, u.a. für das Bischofsamt mit apostolischer Sukzession. Mit diesen Bestrebungen verband sich ein neues Bewußtsein von der Katholizität der Kirche. Daher haben sich verschiedene Bruderschaften für die »Una-Sancta«-Einheitsbewegung geöffnet. – Durch die hochkirchlichen Bemühungen wurde im Rückgriff auf altkirchliche Traditionen eine Entwicklung innerhalb des Protestantismus eingeleitet, die sich bis in unsere Tage ausgewirkt hat, etwa durch die Neuordnung der lutherischen Agende in den 50er Jahren oder durch die Tendenz, das Abendmahl häufiger und im Rahmen des Hauptgottesdienstes zu feiern.

Bereits das erste Programm der 1918 gegründeten »Hochkirchlichen

Vereinigung« wie auch Beiträge in der Zeitschrift »Hochkirche« traten für die Möglichkeit evangelischer Orden und Bruderschaften ein. In den 20er Jahren bildeten sich dann im Raum dieser Bewegung bruderschaftliche Zusammenschlüsse, die zum Teil bis heute bestehen, (z.B. die Evangelischen Franziskaner-Tertiaren). Andere Gemeinschaften wurden durch hochkirchliche Formen mitgeprägt.
Eine stärkere und weiter reichende Ausstrahlung als die hochkirchliche Bewegung im engeren Sinn gewann die in den 20er Jahren entstandene »Berneuchener Bewegung«, aus der 1931 die »Evangelische Michaelsbruderschaft« hervorging. Sie wirkte vor allem durch die Gestaltung und Veröffentlichung liturgischer Texte und durch ihre Geistlichen Wochen, auf denen schon damals neue Formen der Einkehr und der evangelischen Meditation geübt wurden. Durch die Michaelsbruderschaft sind – bis in unsere Zeit – verschiedene Bruderschaften, vor allem im norddeutschen Raum, angeregt worden.

Orthodoxe Spiritualität
Wo immer versucht wird, das geistliche Leben durch meditative und liturgische Elemente zu bereichern, spielen auch Frömmigkeitsformen der orthodoxen Kirchen eine Rolle. In manchen Kommunitäten hat man ganz bewußt an orthodoxe Spiritualität angeknüpft, hat Gesänge übernommen oder sich durch sie anregen lassen zu eigenen Schöpfungen. Man beschäftigt sich mit den meditativen Erfahrungen der Orthodoxie, greift die Praxis des »Jesus-Gebets« auf und verwendet auch östliche Ikonenbilder. – Besonders stark haben sich diese Einflüsse in Taizé ausgewirkt.

Pietistisch-erweckliche Frömmigkeit
Erweckliche Bewegungen haben innerhalb des Protestantismus immer wieder neue Aufbrüche ausgelöst und zu immer neuen Gruppenbildungen geführt. Der Bogen reicht von den pietistischen Konventikeln des 17./18. Jahrhunderts bis zu den charismatischen Aufbrüchen der jüngsten Zeit, von kleinen »Stunden«-Versammlungen bis zu den weltweiten Freikirchen.
In dieser pietistischen Tradition steht auch ein Teil der Bruderschaften und Kommunitäten, vor allem im süddeutschen Raum. Sie sind aus Erweckungsbewegungen hervorgegangen oder aus örtlichen Aufbrüchen entstanden.
Was diese Richtung kennzeichnet, ist vor allem die persönliche Ausprägung der Frömmigkeit, die sich sehr direkt auf Jesus, den Heiland, bezieht und besonders im frei formulierten Gebet (Gebetsgemeinschaft) ihren Ausdruck findet. Der Entschluß zu einem bewuß-

ten Christenleben, das sich von der normalen kirchlichen Praxis unterscheidet, wird in einem besonderen Schritt der Bekehrung vollzogen. Ein unmittelbares Verhältnis zur Bibel, deren absolute Gültigkeit vorausgesetzt ist, gehört ebenso zur erwecklichen Frömmigkeit wie der missionarische Impuls, der ihr eine besondere Dynamik verleiht und zu immer neuen Aufbrüchen führt.

Die Gruppenbewegung (Oxford-Gruppe)
Eine erweckliche Bewegung unseres Jahrhunderts, die sich unmittelbar auf verschiedene Kommunitäten auswirkte, war die Gruppenbewegung. Frank Buchman, der aus der Christlichen Studenten-Vereinigung (John Mott) kam, hatte als eine besondere Form geistlichen Lebens die »Stille Zeit« entdeckt, in der sich der einzelne täglich Gott und seiner Führung anvertraut. Aus dieser »Stille« gewinnt das Leben und Handeln ganz konkrete Impulse. (Die Praxis der »Stillen Zeit« hat sich in vielen christlichen Gruppen und Kreisen durchgesetzt.) Bezeichnend für die Gruppenbewegung wurde zum anderen die missionarisch aktive »Gruppe« (oder »Mannschaft«) entschiedener Christen, in der intensive Seelsorge bis hin zur Einzelbeichte geübt wurde.
Mit beiden Elementen wirkte die Gruppenbewegung auf die Bildung kommunitärer Formen hin. Die Gründerpersonen mehrerer Kommunitäten sind durch sie geprägt worden.
Nach dem Krieg formierte sich in Deutschland aus der Gruppenbewegung heraus der »Marburger Kreis« (1957). Mit seiner starken Verbindlichkeit innerhalb der örtlichen »Mannschaften« bildet er gleichsam eine Vorstufe zu kommunitärem Gemeinschaftsleben. Bis heute gibt es zahlreiche Berührungspunkte mit einzelnen Kommunitäten.

»Charismatische« Elemente
In unserem Jahrhundert stehen erweckliche Aufbrüche in besonderer Weise unter dem Zeichen des 3. Glaubensartikels. Seit Anfang der 60er Jahre hat ein weltweiter »charismatischer« Aufbruch vor allem auch innerhalb der traditionellen Kirchen einen neuen Blick für die Dimension des Heiligen Geistes geöffnet. Was die charismatische Frömmigkeit in erster Linie kennzeichnet, ist ein befreites, unmittelbares Verhältnis zu Gott, das aus einer tiefen Hingabe des Lebens an Jesus Christus kommt. Anbetende Lieder, viel Lobpreis und frei formulierte Gebete prägen die charismatischen Gebetsversammlungen. Im gemeinsamen Gottesdienst, zu dem jeder mit seinen Gaben (Charismen) beiträgt, wird besonders das Wirken des Geistes erlebt.

Durch Impulse charismatischer Frömmigkeit sind überall auch neue Gemeinschaften und kommunitäre Gruppen entstanden, zum Beispiel in den USA, in Frankreich oder in der Schweiz. In Deutschland hat der neue Aufbruch nicht zu solchen besonderen Gruppenbildungen geführt. Freilich, wo eine Gemeinschaft intensiv miteinander verbunden ist und die biblischen Zusagen ernst nimmt, kommt es von selbst zu geistlichen Erfahrungen, wie sie ähnlich in der charismatischen Bewegung gemacht werden. Dabei ist auch das Erbe der katholisch-apostolischen Bewegung, die Anfang des vergangenen Jahrhunderts in England entstanden ist, zu spüren.

Alternative Lebensform
Seit man von einer »alternativen« Bewegung spricht, wurden auch die Kommunitäten immer wieder unter diesem Aspekt gesehen (vgl. die Buchtitel »Alternativ leben in verbindlicher Gemeinschaft«, herausgegeben von Ingrid Reimer, oder »Anders leben«, herausgegeben von Herbert A. Gornik). Wenn man Kommunitäten und christliche Lebensgemeinschaften als »alternativ« bezeichnet, so geschieht das in dem Sinn, daß ihre Lebensform anders ist als in unserer Gesellschaft üblich; anders auch, als es normaler kirchlicher Existenz entspricht. Auch ist vieles, was für die Alternativbewegung kennzeichnend geworden ist – einfacher Lebensstil, Gütergemeinschaft, Eigenversorgung, biologischer Landbau – in den Bruderschaften und Kommunitäten zum Teil schon seit langem praktiziert worden. Doch stehen diese Dinge hier nicht im Vordergrund.

4. Geistliches Leben in den Gemeinschaften

Wesentliches Merkmal der Bruderschaften und Kommunitäten, so wurde definiert, ist ihr geistlicher Lebensstil. Allerdings ist es nicht leicht, zu bestimmen, was mit »geistlichem Leben« gemeint ist. Wohl kann man, wie es im folgenden versucht wird, einige Elemente nennen, die zu einem geistlich geprägten Leben gehören: der biblische Bezug, das Gebet, das verbindliche Miteinander. Doch diese Faktoren allein machen noch nicht das Wesen des Geistlichen aus. Sie können im Extremfall auch zu sehr ungeistlichen Haltungen – zu Gesetzlichkeit, geistiger Enge oder Lieblosigkeit – führen. Entscheidend ist, daß der Gesamtraum einer Gemeinschaft vom rechten Geist erfüllt ist. Der Geist, der von Gott kommt, schafft eine gelöste und freie Atmosphäre, in der sich wirklich geistliches Leben entfalten kann. Er bewirkt, daß der einzelne und auch die Gruppe innerlich durchdrungen werden von dem, was sie zu leben versuchen. Nur so ist ein geistlicher Lebensstil echt und kann auch nach außen ausstrahlen.

Die Bibel

Der intensive Umgang mit der Bibel und das ständige Sich-Ausrichten an ihren Vorbildern ist zweifellos Kennzeichen eines christlichen Lebens, besonders nach evangelischem Verständnis. Wo das Wort der Schrift ganz persönlich gelesen wird und den Alltag begleitet, wo die biblischen Gestalten lebendig werden und das Verhalten und Handeln bestimmen, da wird die Bibel ganz unmittelbar zu einem geistlichen Führer.

Für die Bruderschaften und Kommunitäten spielen folgende biblischen Motive eine besondere Rolle:

- Berufung zur Jüngerschaft und Jesusnachfolge
- Gemeinschaft mit Christus (»wo zwei oder drei versammelt sind...«)
- Einssein in Christus. Teilhabe an seinem Leib
- die Urgemeinde nach Apg. 2,42ff als Grundmodell christlicher Gemeinschaft
- die Bergpredigt als Anweisung für ein konsequentes Leben aus dem Glauben
- die Aufforderung, »Salz der Erde« und »Licht der Welt« zu sein.

Das Gebet

Das regelmäßige Beten gehört in den Bruderschaften und Kommunitäten zur selbstverständlichen Ordnung. Im Gebet wird die unmittelbare Verbindung zu Gott gesucht. Es ist die Kraftquelle, aus der die Gruppe lebt und aus der der einzelne seinen Alltag gestaltet. In Kommunitäten und Lebensgemeinschaften kommt man täglich zu mehreren festen Gebetszeiten zusammen. Diese können ganz verschieden gestaltet sein, etwa als pietistische Gebetsgemeinschaft in der Art fester Stundengebete, oder auch als eucharistischer Gottesdienst. Meist bilden sich feste liturgische Formen heraus. Manche Gemeinschaften haben die alte Tradition der benediktinischen Stundengebete übernommen und fügen sich damit bewußt in die altkirchliche Ordnung ein. Doch entstehen in den Gruppen auch neue Liturgien mit eigenen Gesängen, die dann ein sehr typischer Ausdruck ihrer Spiritualität sind.

Was das Wesen des regelmäßigen, liturgisch geprägten Betens ist, kann wohl nur der nachempfinden, der sich selbst längere Zeit darin übt. Durch die Wiederholung kommt in der Seele etwas zum

Schwingen, was in innere Tiefen hineinwirkt, die beim einmaligen, bewußten Sprechen eines Gebetes kaum berührt werden.
Die freie Form des Gebets wird mehr in den pietistisch ausgerichteten Gemeinschaften geübt. Sie erfordert vom einzelnen eine starke innere Öffnung gerade auch den Mitbetenden gegenüber. In neuerer Zeit ist in vielen Gruppen die Anbetung in solch freier Form wichtig geworden: im Anruf Gottes, in Worten des Lobens und Dankens, in Psalmen und hymnischen Liedern richtet man sich aus auf die göttliche Wirklichkeit.
Auch die Stille und innere Betrachtung kann als eine Art des Betens bezeichnet werden. Im Klosterleben hat die Kontemplation eine lange Tradition. Viele der neuen Gemeinschaften haben wieder entdeckt, was es bedeutet, in der Stille zur Ruhe und inneren Sammlung zu kommen, sich Gott und seiner Führung anzuvertrauen. Damit haben sie in den Protestantismus einen wesentlichen Zug christlicher Frömmigkeit wieder eingebracht, der seit der Reformation vernachlässigt wurde.

Verbindlichkeit

Zum Wesen geistlicher Gemeinschaft gehört, wie gesagt, Verbindlichkeit. »Verbindliches Christsein« meint zunächst, daß das Leben aus der Bindung an Gott gestaltet wird: in ständiger Verantwortung vor ihm, in lebendiger Beziehung zu seinem Wort und im Vertrauen auf seine Führung. Wer in solcher Weise Gottes Herrsein über sich anerkennt, wird zugleich das eigene Ich zurücknehmen. Diese Bindung »nach oben« wird nun in der Bindung an die Brüder und Schwestern konkret. Sie vollzieht sich in der Offenheit voreinander – im gemeinsamen Beten, in seelsorgerlichen Beziehungen (z.B. Zweierschaft) oder in einer strengeren Beichtpraxis – wie auch in der Einordnung in die Gruppe und in der Anerkennung einer Leiterautorität.
Die intensivste Form von Verbindlichkeit besteht dort, wo man nach den »Evangelischen Räten« lebt: in Armut, Ehelosigkeit und Gehorsam. Nach christlichem Verständnis können diese Versprechen nicht als ein besonderes Verdienst angesehen oder in irgendeiner Weise gesetzlich verstanden werden. Wer eine solche Bindung eingeht, tut es freiwillig und in dem Bewußtsein, daß dies eine Möglichkeit unter anderen ist, die Nachfolge Jesu zu verwirklichen. Er empfindet diese Lebensform nicht als Last und Beschränkung, sondern als innere Befreiung zum Dienst und zu echter Hingabe.

5. Bedeutung und Wirkung der Gemeinschaften

Die Zahl derer, die in Kommunitäten und Bruderschaften leben, ist im Verhältnis zur Gesamtzahl evangelischer Christen minimal. Doch läßt sich geistliches Leben nicht quantitativ messen; es verwirklicht sich in anderen Dimensionen, die sich freilich nicht so einfach fassen und darstellen lassen.
Im folgenden wird versucht, die Bedeutung der Gemeinschaften unter vier Gesichtspunkten anzudeuten, nämlich im Bezug auf den jeweiligen Kreis, auf den sie wirken.

»Leben in Gemeinschaft« – eine besondere Berufung
Wer sich zu einem konsequenten christlichen Leben gerufen weiß, findet in einer Bruderschaft oder Kommunität die Möglichkeit, dies in der Gemeinschaft mit Gleichgesinnten zu verwirklichen. Hier können sich seine inneren Kräfte und geistlichen Fähigkeiten auf eine besondere Weise entfalten. Dabei vermittelt die Gruppe nicht nur Geborgenheit und menschliche Wärme, vielmehr gewinnt der einzelne in ihr seine Identität, indem er sich eingebunden weiß in ein ihn umgreifendes Ganzes.
Anstelle des heute vorherrschenden Strebens nach persönlicher Freiheit und Selbstverwirklichung wird hier Befriedigung und Sinnerfüllung erfahren, gerade in der Überwindung der Ichbezogenheit, im Zurückstellen eigener Wünsche und Triebe, im Sich-Einfügen in eine bestimmte, von Gott zugewiesene Lebensordnung und im Dienst am anderen Menschen.

»Kloster auf Zeit« – Möglichkeit zum Mitleben
Kommunitäten und Lebensgemeinschaften bieten meist die Möglichkeit, für kurz oder länger an ihrem Leben teilzunehmen. Vielfach können junge Menschen für ein Jahr in der Gemeinschaft mitleben (»Jahresmannschaft«, »Diakonisches Jahr«, »Lebensschule«, »Experiment Gemeinschaft« usw.). Sie helfen bei den täglichen Arbeiten mit (in Küche, Haus, Garten oder beim Bau) und nehmen am geistlichen Leben der Gemeinschaften teil. Dazu bekommen sie häufig eine Ausbildung in biblischen und theologischen Fächern und in Fragen des alltäglichen Christseins. Diese Zeit bedeutet für junge Menschen eine wertvolle Schulung, zumal viele von ihnen heute kaum Fähigkeiten für praktisches Arbeiten und für ein gemeinschaftliches Miteinander entwickelt haben.

»Heilige Orte« für Freunde und Gäste

Vielfach entsteht mit der Gemeinschaft ein »geistliches Zentrum«, um das sich ein Kreis von Gästen und Freunden sammelt. Sie kommen zu den angebotenen Tagungen, Einkehrzeiten, Stillen Wochenenden, zum Ausspannen, zu Besinnung und Meditation. Sie werden angezogen durch die besondere Atmosphäre dieser Häuser. Dabei können sich persönliche Kontakte und tiefe seelsorgerliche Bezüge entwickeln, wie man sie in den Ortsgemeinden oft nicht kennt. Durch einen »Freundesbrief« bleiben sie meist mit der Gruppe in innerer Verbindung; durch Schriften und Literatur erhalten sie immer neue Anregungen für ihr Glaubensleben.

»Leuchtpunkte« in Kirche und Gesellschaft

In einer Zeit, in der die religiöse Bindung allgemein abnimmt, in der ethische Normen ins Wanken geraten und Sinnzusammenhänge verblassen, gewinnen geistliche Gemeinschaften eine besondere Bedeutung. Mit ihrer Lebenspraxis und ihren spirituellen Angeboten wirken sie in den innersten Bereich der Kirche hinein. Sie stellen gleichsam ein besonderes Übungsfeld für die Erprobung geistlicher Prinzipien und Gemeinschaftsformen dar und geben damit Anregungen auch für die Gemeindepraxis. Mit ihrem intensiven Gebet verrichten sie einen stellvertretenden Dienst für eine Christenheit, die weitgehend ohne unmittelbare Verbindung mit Gott lebt. Daß in solchem Gebetsdienst wirkliche Kräfte liegen, mag freilich nur für den erkennbar sein, der um die Bedeutung des Gebetes weiß.

Sichtbar dagegen wird der Einsatz dieser Gemeinschaften, wo sie aktiv mitarbeiten. In entsprechenden Arbeitskreisen und Gremien bringen sie ihre Erfahrungen etwa im Bereich von Liturgie oder Meditation ein. Sie sind regelmäßig auf den Kirchentagen vertreten und arbeiten zunehmend an deren geistlicher Gestaltung mit, z.B. in der »Halle der Stille«. Manche kommen mit ihren Diensten in die Gemeinden oder wirken bei besonderen Veranstaltungen mit. Immer wieder beeindrucken sie dadurch, daß sie das, was sie verkündigen, selbst konsequent zu leben versuchen. Nicht ohne Wirkung im kirchlichen Raum ist ihr Eintreten für die Einheit der Christen.

Auch für die Gesellschaft allgemein ist es nicht bedeutungslos, wenn durch den Einfluß solcher Gemeinschaften Menschen innerlich gefestigt und zu einer positiven Lebenseinstellung geführt werden. Im einzelnen ist dann auch an die praktischen Aufgaben zu denken, die viele Gemeinschaften im diakonischen oder erzieherischen Bereich übernehmen.

In der düsteren Landschaft unserer Zeit mit all ihren Ängsten, ihrer

Resignation und Orientierungslosigkeit leuchten diese Gemeinschaften wie kleine Lichtpunkte auf, von denen neue Hoffnung ausstrahlt.

6. Schwierigkeiten

Es wäre sicher nicht im Sinn der Gemeinschaften, wenn man nur ihre positiven Seiten herausstellen würde. Richtet man den Blick auf die Besonderheiten ihres geistlichen Lebens und auf ihre Ausstrahlung, dann entsteht leicht ein Idealbild, das ihrem Alltagsdasein nicht voll entspricht. Auch wenn man keinen tieferen Einblick in den internen Bereich einer Gruppe hat, kann man sich vorstellen, daß gemeinschaftliches Leben nicht immer leicht ist. Wahrscheinlich sind die Schwierigkeiten des täglichen Miteinanders in dem engen Raum einer Lebensgemeinschaft nicht geringer als im normalen Leben.

Persönliche Konflikte
In einer Lebensgemeinschaft kann sich keiner in einen abgegrenzten Privatraum zurückziehen; man ist unausweichlich einander zugeordnet. Für jeden einzelnen bedeutet es eine harte Anforderung, sich wirklich in die Gruppe einzufügen, sich auf Menschen einzustellen, die er sich nicht unbedingt nach Sympathie und Neigung ausgesucht hat. Zudem bringt jeder nicht nur seine eigene Persönlichkeit und seine charakterliche Prägung mit, sondern auch seinen speziellen religiösen und geistigen Hintergrund.
So bleibt es nicht aus, daß einzelne auch einmal in innere Konflikte, vielleicht in tiefe Zweifel geraten. Besondere Probleme wird es in den zölibatären Gemeinschaften immer wieder auf dem Gebiet der Geschlechtlichkeit geben. Mit dem freiwilligen Entschluß zur Ehelosigkeit kann der natürliche Trieb nicht einfach ausgeschaltet werden. Immer neues Ringen ist nötig, und nicht jeder ist dem gewachsen.
Die Frage, wie eine Gemeinschaft mit den persönlichen Konflikten ihrer Glieder umgeht, ist äußerst subtil. Wie kann es gelingen, die menschlichen Probleme jeweils richtig einzuschätzen, so daß nicht unter einem frommen Deckmantel oder einer falschen Gesetzlichkeit Scheinlösungen herbeigeführt werden, die unter Umständen auch seelische Schädigungen verursachen können. Immer wieder muß die Gruppe neu prüfen, wieweit sie ihre eigenen Prinzipien und Maßstäbe durchsetzen muß und wieweit sie dem persönlichen Entfaltungsstreben einzelner Glieder Raum geben kann.

Gruppenprozesse
Auch eine geistliche Gemeinschaft ist nicht ausgenommen von sehr »weltlichen« Gruppenprozessen, von Durchsetzungsbestrebungen einzelner Personen, von finanziellen Interessen usw. Es mögen dann die geistlichen Prinzipien, nach denen man zu leben trachtet, mit solchen menschlichen Bedingtheiten in harte Kollision geraten.
Zum Beispiel: Wie vollzieht sich der Prozeß der Meinungsbildung? Manche Gruppen betonen die Einmütigkeit als einen biblischen Grundsatz. Aber wie kommt man zu einer einheitlichen Meinung, wenn verschiedene Möglichkeiten zur Wahl stehen? Wie geht die Gruppe mit der jeweiligen Minderheit um? Und wie bewältigt sie es, wenn sich in den eigenen Reihen verschiedene Meinungsgruppen und Parteiungen bilden?
Eine schwierige Zeit durchlaufen die Gemeinschaften in der Regel, wenn ihre Gründerpersönlichkeiten abtreten. Meistens ist dann eine tiefgreifende Umstrukturierung nötig, die sich über lange Jahre erstrecken kann. Einige der nach dem letzten Krieg entstandenen Kommunitäten haben diese Phase bereits hinter sich.

Integration
Es ist eine allgemeine Erfahrung, daß geistliche Aufbrüche auch Beunruhigung mit sich bringen. Jede Gruppe, die ihren Glauben ernsthafter zu leben versucht, stößt auf Opposition; denn der Anspruch, eine besondere Form des Christseins zu verwirklichen, fordert heraus. So mußten auch die Kommunitäten einen mühevollen Weg gehen, bis sie Anerkennung im kirchlichen Bereich fanden und integriert wurden. An diesem Punkt ist aber auch die Gefahr zur Eigenentwicklung und Separation sehr groß, wobei die Ursache für Fehlentwicklungen nicht nur auf der Seite der Gruppen zu suchen ist, sondern gewöhnlich auch auf der Seite jener, die auf sie mit Abwehr reagieren.
Eine Gemeinschaft muß sich selbst immer wieder kritisch prüfen: Wie kann sie eine offene und einladende Atmosphäre schaffen, die niemanden ausschließt? Wie kann sie sich und ihre Glieder vor Elitedenken und Überheblichkeit bewahren? Wie läßt sich ihre besondere christliche Lebensform in das kirchliche Leben einbringen, ohne daß der Eindruck hervorgerufen wird, sie wolle etwas »Besseres« sein? Wie kann sie es bewerkstelligen, daß sie ihr eigenes Anliegen, das ihr wichtig ist, mit Nachdruck vertritt, es aber nicht zum absoluten Maßstab erhebt, sondern auch andere Wege anerkennt und sich dienend in die Gesamtheit der Kirche Jesu Christi einfügt?

7. Kritik von außen

In einer Zeit, in der die meisten Menschen kaum mehr einen Zugang zu religiösen Haltungen haben, ist wohl jede Form eines konsequenten religiösen Lebens dem Argwohn und der Kritik der Mehrheit ausgesetzt. Dabei wird kein großer Unterschied gemacht: nicht selten werden kirchliche Gruppen mit den sogenannten »Jugendreligionen« in einem Atemzug genannt. Vor allem besorgte Angehörige stellen entsprechende Fragen.

Vor diesem Hintergrund sollen nun einige Schwachstellen und Angriffspunkte genannt werden, die in jeder engeren religiösen Gemeinschaft gleichsam strukturell angelegt sind und unter bestimmten Umständen tatsächlich zu extremen Entwicklungen führen können.

Der Eintritt

Ein besonders sensibler Punkt ist der Eintritt in eine Gemeinschaft. Was spielt sich ab, wenn jemand sich zu diesem Schritt entschließt? Vor allem der junge Mensch läßt sich leicht begeistern, wenn er auf sein religiöses Suchen angesprochen wird. Dann ist er oft auch zu vorschnellen Entscheidungen bereit. Einer Gruppe, die hier nicht die gebotene Vorsicht und Zurückhaltung zeigt, wird – wohl nicht zu Unrecht – vorgeworfen, sie »vereinnahme« die Menschen. Vor allem, wenn es um eine endgültige Lebensbindung geht, muß ein Freiraum für eine persönliche Entscheidung gewährleistet sein, und es ist eine lange Erprobungszeit nötig. – Die Kommunitäten haben in der Regel – entsprechend der katholischen Klostertradition – sehr lange Noviziatzeiten. Meist erfolgt die Bindung in mehreren Stufen bis zur endgültigen Profeß.

Wesensveränderung

Die Hinwendung zu einer geistlichen Gemeinschaft bedeutet für den einzelnen eine totale innere Wandlung. Dinge, die bisher für ihn wichtig waren, rücken an zweite Stelle, anderes bestimmt ihn ganz neu. Er läßt sich prägen durch die Gruppe, durch ihre Denk- und Handelsweisen und die Atmosphäre, die in ihr herrscht, natürlich auch durch den Leiter, der ihm zum Vorbild wird. Dabei können sich bei ihm Wesensveränderungen vollziehen, die nicht ohne innere Spannungen verlaufen. Das kann zu befremdlichem Verhalten führen, vor allem in Situationen, wo er sich nicht verstanden fühlt. Diese Vorgänge müssen in ihrem inneren Zusammenhang gesehen werden, und man darf nicht vorschnell von »Seelenmanipulation«

sprechen. – Den Gemeinschaften selbst kann an diesem Punkt deutlich werden, wie wichtig es ist, daß sie sich nach außen so offen wie möglich geben, auch jenen gegenüber, von denen sie abgelehnt oder angegriffen werden.

Die Autorität des Leiters

Häufig hat in religiösen Gemeinschaften der Gründer und geistliche Leiter eine besonders starke Autorität, die durch das Bewußtsein, von Gott berufen und geführt zu sein, verstärkt wird. Als Seelsorger hat er zudem einen unmittelbaren Einfluß auf die einzelnen Mitglieder. Die Gefahr des persönlichen Machtmißbrauchs ist bei ihm daher besonders groß. – Es ist viel Einsicht und Demut nötig, diesen Gefahren auszuweichen. Gerade ein geistlicher Leiter muß sich in die seelsorgerliche Gemeinschaft von »Brüdern« stellen, muß bereit sein, eine Instanz über sich anzuerkennen und sich deren Rat und Korrektur zu fügen.

Finanzielle Sicherung

Wer sich für ein konsequentes Leben in der Nachfolge Jesu entscheidet, fragt zunächst nicht nach äußeren Absicherungen – auf diese will er ja gerade verzichten. Für ihn ist es selbstverständlich, daß er alles, was ihm gehört, ohne Vorbehalte in die Gruppe einbringt. Und er denkt nicht an eine Vorsorge für Krankheit und Alter oder an einen möglichen Austritt. Diese Grundhaltung ist besonders ausgeprägt in einigen Gemeinschaften, die auf eigene Einnahmen oder finanzielle Zuschüsse weitgehend verzichten und darauf vertrauen, daß Gott sie täglich mit dem Nötigen versorgt.
In einer Gesellschaft, in der Sicherheit an erster Stelle steht, stößt eine solche Einstellung fast durchweg auf Unverständnis. Und so setzt die Kritik auch meist an diesem Punkt ein. Sie ist sicher nicht ganz unberechtigt, und die Gemeinschaften sollten auf die geäußerten Besorgnisse in entsprechender Weise eingehen. Eine Tabuisierung dieses Bereichs wäre gewiß falsch. Man erwartet von ihnen, daß sie ihre Position in diesen Fragen offen und klar darlegen und daß sie auch zu gewissen Vereinbarungen bereit sind – etwa im Hinblick auf besondere Härtefälle oder auch auf den möglichen Austritt einzelner Mitglieder. Auch religiöse Gemeinschaften sind ein Teil der Gesellschaft, in der sie leben, und sind ihr Verantwortung schuldig, wenn es um die Versorgung der Mitglieder geht. – Die Kommunitäten haben diese Dinge in der Regel sehr ernst genommen und entsprechend geordnet; sie haben sich in bezug auf die Sozialversicherungen weitgehend den gesetzlichen Regelungen angeschlossen.

8. Übersichten – Verbindungen – Zuordnung

Man kann die Gemeinschaften unter verschiedenen Gesichtspunkten betrachten und ordnen. Dabei können innere Verbindungen und entsprechende Zusammenhänge deutlich werden, und es können gewisse Rückschlüsse gezogen werden, denen freilich bei der geringen Anzahl der Gruppen keine grundsätzliche Bedeutung zukommt.

Übersicht nach Entstehung und statistische Angaben
Eine zeitliche Aufstellung nach dem Gründungsjahr macht deutlich, daß in bestimmten Zeitabschnitten jeweils spezielle Typen von Gemeinschaften entstanden sind: Bruderschaften seit Beginn unseres Jahrhunderts, Kommunitäten seit dem Zweiten Weltkrieg, seit etwa 1960 dann auch Familiengemeinschaften. – Aus dem Rahmen fällt der »Johanniterorden«, der sich direkt auf den alten »Orden St. Johannis vom Spital zu Jerusalem« (gegründet 1099) zurückführt; er sprengt auch das statistische Schema. Mit der »Bruderschaft vom gemeinsamen Leben« war bereits 1905 ein kommunitärer Zweig entstanden.

Bruderschaften vor 1933

1099	Orden St. Johannis vom Spital zu Jerusalem; heute: Johanniterorden	+ 2300 M + 300 im Ausland
1905	Bruderschaft vom gemeinsamen Leben	10 Br, 4 Sr, 15 F, 150 V
1906	Bahnauer Bruderschaft (Diakone)	300 M
1913	Pfarrer-Gebetsbruderschaft (Pfarrer)	1000 MF
1922	Sydower Bruderschaft (Pfarrer)	120 V + Freunde
1923/38	Heliand-Bruderschaft	52 MFV
1928	Freudenstädter Kreis (Pfarrer)	200 V
1921	Hochkirchenorden ab 1925: Evang.-Luth. Humiliatenorden	6 Br + 30 Freunde
1927	Evang. Franziskanerbruderschaft der Nachfolge Christi	50 MFV
1929	Evang.-Kath. Eucharistische Gemeinschaft; heute: Hochkirchliche St. Johannes-Bruderschaft	50 M + 50 in DDR
1931	Evangelische Michaelsbruderschaft (+ Berneuchener Dienst 700 MFV)	600 M

Sr = Schwestern M = Männer V = Verheiratete
Br = Brüder F = Frauen

Bruderschaften und Schwesternschaften nach 1945

1947	Irenenring	50 F
1949	Ahldener Bruderschaft (Pfarrer, Prediger)	120 M + Freunde
1953	Evang. Schwesternschaft Ordo Pacis	39 F (+ 6 Sr)
1955	Ökum. St. Lukas-Orden (meist Ärzte)	50 M
1956/60	Evang.-Luth. Gebetsbruderschaft (Pfarrer)	43MFV + 66 Freunde
1958	Bruderschaft vom Kreuz	104 MFV
1958	Evangelische Gabriels-Gilde	39 MFV
1960	Kloster Amelungsborn	58 M
1961	Ansverus-Bruderschaft	40 MFV
1962-76	Koinonia	130 MFV
1962	Nagelkreuzgemeinschaft (Coventry)	18
1964	St. Jakobus-Bruderschaft	26 MFV
1966	St. Athanasius-Bruderschaft	29 M
1977	Kleine Brüder vom Kreuz (v.a. Pfarrer)	50 M

Kommunitäten

1947	Evangelische Marienschwesternschaft	179 Sr
	1949 Dornenschwestern	38 F
	1953 Dornenkranzschwestern	35 Sr
	1967 Kanaan-Franziskus-Bruderschaft	14 Br
1947	St. Johannis-Konvent vom gemeins. Leben	8 Sr + 4 V
1949	Christusbruderschaft Selbitz	130 Sr, 13 Br
	Christusbruderschaft Falkenstein	14 Sr, 8 Br
1950	Communität Casteller Ring	39 Sr
1955	Kommunität Imshausen	20 Br/Sr
1956	Cella St. Hildegard (Ordo Pacis)	6 Sr
1958	Diakonissen-Kommunität Zionsberg	9 Sr
1961	Christusträger	31 Sr, 40 Br
1961	Jesus-Bruderschaft	48 Sr, 26 Br, (40 V)
1962	Kommunität Adelshofen	25 Sr, 10 Br, 2 V
1962	Vita communis	17 Sr
1973	Kommunität Jesu Weg (Lebenszentrum für die Einheit der Christen)	7 Sr
1974	Evangelische Lukas-Kommunität	9 Sr
1976	Evang. Schwesternkonvent	9 Sr

Lebensgemeinschaften – Familiengemeinschaften

1959	Laurentiuskonvent	35 MFV
1961	Jesus-Bruderschaft (Familien)	40 V
1968	Offensive Junger Christen	15 MFV + Jahresmannschaft
(1968)	Lebenszentrum für die Einheit der Christen Familienkommunität	10 MFV
1970	Kommunität München heute: Communitaet Simonshofen	4 MFV
1972	Communio Christi	15 MFV
1972	Christliche Wohngemeinschaft Küppershof 1984 aufgelöst	
1973	Basisgemeinde Kornwestheim heute: Basisgemeinde Wulfshagenerhütten	50 MFV
1979	Communität Lindenhof	8 MFV + 9 Kinder

Statistische Beobachtungen

Von den 44 in diesem Buch behandelten Gemeinschaften sind 22 Bruder- bzw. Schwesternschaften, 18 Kommunitäten und Lebensgemeinschaften; weitere 4 sind beiden Typen zuzurechnen.

Es gibt 10 Bruderschaften allein für Männer, aber nur 2 reine Schwesternschaften, die erst nach 1945 entstanden sind. Unter den Kommunitäten befinden sich mehrere Frauengemeinschaften, aber keine reine Männergemeinschaft.

In den bruderschaftlichen Vereinigungen, in denen auch insgesamt die Männer überwiegen, liegt die Gesamtzahl bei über 3000 Gliedern (ohne den Johanniterorden); davon dürften mehr als die Hälfte Pfarrer sein. Allein die Pfarrer-Gebetsbruderschaft hat 1000 Mitglieder, die Evangelische Michaelsbruderschaft 600.

Von den über 900 Gliedern in kommunitären Gemeinschaften leben ca. 140 Männer und 600 Frauen zölibatär (also mehr als viermal so viel Frauen als Männer), die restlichen in Familiengemeinschaften.

Die Kommunitäten kann man von ihrer Größe her in drei Gruppen einteilen. Dabei muß man freilich berücksichtigen, daß sie jeweils in verschiedenen Stadien ihrer Entwicklung stehen.

über 100 Glieder:	Evang. Marienschwesternschaft (228)
	Christusbruderschaft (170)
	Jesus-Bruderschaft (119)

über 30 Glieder:	Christusträger (71) Communität Casteller Ring (39) Kommunität Adelshofen (37) Laurentiuskonvent (35)
unter 20 Glieder:	5 Gemeinschaften zwischen 10 und 20 6 Gemeinschaften unter 10.

Typen und Verwandtschaften

(1) Jede Gemeinschaft hat im Grund ihre ganz besondere Eigenart und Prägung, so daß es schwerfällt, sie nach gemeinsamen Merkmalen zusammenzuordnen. Johannes Halkenhäuser unterscheidet nach der frömmigkeitsgeschichtlichen Prägung zwei Grundtypen: Der *ekklesiale Typ* umfaßt »die stärker an der Entdeckung der Kirche und ihren Sakramenten orientierten Gruppen«. Das sind Gemeinschaften, die sich bewußt in die altkirchliche Tradition stellen und das Bekenntnis betonen. Sie haben meditative und kontemplative Formen entwickelt und halten die Stundengebete oder Tagzeitengebete. Hierzu gehören die hochkirchlich geprägten Gemeinschaften und der Kreis um die Michaelsbruderschaft (s. u.); aber auch die Communität Casteller Ring, die Kommunität Imshausen und andere wären hier zu nennen.
Ihnen steht der *pietistische Typ* gegenüber; hierzu gehören »die von Elementen des Erweckungschristentums geprägten Gemeinschaften«. Meist sind sie aus Erweckungsbewegungen bzw. örtlichen Glaubensaufbrüchen entstanden, oder ihre Anhänger kommen vorwiegend aus pietistischen Kreisen. Beispiele: Bahnauer Bruderschaft, Pfarrer-Gebetsbruderschaft, Evangelische Marienschwesternschaft, Christusbruderschaft, Christusträger, Jesus-Bruderschaft, Kommunität Adelshofen.
Diese Typisierung kann jeweils eine Grundprägung zum Ausdruck bringen, die bei den Gemeinschaften im einzelnen auch deutlich zu spüren ist. Doch greifen diese Wesenszüge in der Praxis auch immer wieder ineinander, so daß sich manche Gemeinschaft nicht auf eine Richtung festlegen läßt.

(2) Von einer »Familie« im engeren Sinn kann man am ehesten bei den *hochkirchlichen Gemeinschaften* sprechen. Außer den Bruderschaften, die auf die »Hochkirchliche Vereinigung« von 1918 zurückgehen (Evang. Franziskanerbruderschaft, Hochkirchliche St. Johannes-Bruderschaft, Evang.-Luth. Humiliatenorden), gehört dazu die

St. Athanasius-Bruderschaft (1966); auch die Communität Casteller Ring steht in gewisser Hinsicht dieser Richtung nahe. (Hochkirchlich geprägte Gemeinschaften finden sich vor allem in den skandinavischen Ländern, besonders in Schweden.)
Ein ähnlicher Kreis schließt sich um die *Evang. Michaelsbruderschaft*. Durch ihren Einfluß wurden bis in jüngere Zeit neue Gemeinschaften nicht nur in Deutschland ins Leben gerufen: Evang. Schwesternschaft Ordo Pacis, Evang. Gabriels-Gilde, Ansverus-Bruderschaft; zwei kleinere Schwesternschaften in Österreich; im Elsaß: Compagnonnage St. Michael; eine Lutherische Bruderschaft (Missionsbruderschaft) in Südafrika. Enge Verbindungen bestehen zum Ordo Crucis in Norwegen.

(3) Eine andere Möglichkeit, die Gruppen in Beziehung zueinander zu setzen, ist eine Aufgliederung nach *Berufungen und Aufgabenstellungen*, wie es im Artikel »Bruderschaften und Kommunitäten« in der Theologischen Realenzyklopädie (TRE Bd. VII, 1981) versucht wird. Dabei muß freilich nach Schwerpunkten vorgegangen werden, denn die Gemeinschaften haben oft mehrere Zielsetzungen.
Zu den Gemeinschaften, die besonders durch ihr kontemplatives Leben charakterisiert sind, müßte man die meisten Bruderschaften und Kommunitäten rechnen; denn dies gehört zu ihrem Wesen.
Gemeinschaften, die speziell ein diakonisch-soziales oder gesellschaftsbezogenes Wirken kennzeichnet, sind: Johanniterorden, Ökum. St. Lukas-Orden, Christusbruderschaft, Christusträger (3. Welt!), Laurentiuskonvent, Offensive Junger Christen; ferner St. Johannis-Konvent, Evang. Lukas-Kommunität, Communitaet Simonshofen.
Missionarisch-evangelistisch engagiert sind u.a. die Christusträger, die Kommunität Adelshofen und die Ahldener Bruderschaft.
Eine Reihe von Gemeinschaften haben jeweils ganz *besondere Aufgaben*, die sich nicht zusammenordnen lassen: z.B. Bruderschaft vom gemeinsamen Leben, Communität Imshausen, Basisgemeinde Wulfshagenerhütten (Gemeinde leben), Nagelkreuzgemeinschaft.

Als besonderer Kreis sind auch die *Pfarrerbruderschaften* zu nennen: Pfarrer-Gebetsbruderschaft, Sydower Bruderschaft, Freudenstädter Kreis, Ahldener Bruderschaft, Evang.-Luth. Gebetsbruderschaft, Kleine Brüder vom Kreuz. Dazu kommt die Bahnauer Bruderschaft (für Diakone).

»Ökumenische« Verbindungen

Die meisten Bruderschaften und Kommunitäten fühlten von Anfang an eine besondere Berufung, sich für die Einheit der Christen einzusetzen. (Einige bezeichneten sich ausdrücklich als »ökumenisch«, z.B. Ökumenische Marienschwesternschaft, Evangelisch-ökumenische St. Johannes-Bruderschaft.) Einheit wird hier freilich eher im praktischen und spirituellen Miteinander gelebt, als im Rahmen einer »ökumenischen Bewegung« propagiert. Wo man an altkirchliche Traditionen anknüpft und liturgische Elemente aus den verschiedenen Kirchen in die eigenen Gottesdienste einbezieht, kommt von selbst eine gesamtkirchliche Dimension zum Tragen.

Im einzelnen bestehen vielfältige Kontakte zu katholischen Orden, aus deren jahrhundertelanger Erfahrung die jungen Gemeinschaften gelernt haben. Ökumenische Lebenszentren, in denen man im täglichen Miteinander um ein inneres Verstehen und um gemeinsame geistliche Formen ringt, entstanden in Ottmaring bei Augsburg (Bruderschaft vom gemeinsamen Leben, Bruderschaft vom Kreuz und die katholische Focolare-Bewegung) und auf Schloß Craheim (Lebensgemeinschaft für die Einheit der Christen). Von den Brüdern vom gemeinsamen Leben, denen es ganz zentral um die Einheit der Kirche Christi geht, stammt das »Einheitsgebet«, das verschiedene Gruppen übernommen haben. Die St. Jakobus-Bruderschaft sieht ihre eigentliche Aufgabe im Bemühen um ökumenische Kontakte. In der Jesus-Bruderschaft leben Glieder verschiedener Konfessionen miteinander, wodurch sich ihre Ausrichtung auf den einen Leib Christi auch sichtbar darstellt. – Allen voran steht in dieser Hinsicht freilich die Communauté de Taizé mit ihren vielfältigen ökumenischen Bemühungen im praktischen und theologischen Bereich – bis hin zur Mitarbeit in Genf und Rom.

Übersicht nach landeskirchlicher Zuordnung

Die folgende Übersicht soll aufzeigen, welcher Landeskirche die jeweiligen Gemeinschaften zugeordnet sind. Diese Aufstellung macht die verschiedenartige Verteilung der Gemeinschaften sichtbar: Für den Norden sind eher die Bruderschaften typisch; eine größere Zahl von ihnen ist im nordelbischen und hannoverschen Raum entstanden bzw. beheimatet. Die Mehrzahl der Kommunitäten dagegen ist im süd- und westdeutschen Raum angesiedelt, vor allem in Hessen-Nassau und Bayern. Auffallend ist, daß im pietistischen Württemberg bis in jüngere Zeit keine Kommunitäten entstanden sind. Auch im Rheinland, in Westfalen und in den kleineren Landeskirchen gibt es so gut wie keine Gemeinschaften.

Kirche	Kommunitäten/ Lebensgemeinschaften	Bruderschaften
Berlin		Evang. Gabriels-Gilde Berlin Ökumenischer St. Lukas-orden Berlin
Nordelbien	Basisgemeinde Wulfs-hagenerhütten bei Kiel Cella St. Hildegard (Ordo Pacis) bei Hamburg	Ansverus-Bruderschaft bei Hamburg Evang. Schwesternschaft Ordo Pacis Evang.-Luth. Humiliaten-orden Hamburg Hochkirchliche St. Johan-nes-Bruderschaft bei Hamburg St. Athanasius-Bruderschaft Hamburg
Hannover	Evang. Lukas-Kommunität bei Hannover	Ahldener Bruderschaft bei Walsrode Kleine Brüder vom Kreuz Hermannsburg Kloster Amelungsborn bei Holzminden Koinonia Hermannsburg/Ratzeburg (Sydower Bruderschaft Hannover)
Westfalen	Diakonissen-Kommunität Zionsberg bei Warburg Laurentiuskonvent, Wethen bei Warburg	(Nagelkreuzgemeinschaft Iserlohn)
Rheinland	Christliche Wohngemein-schaft Küppershof, Aachen (aufgelöst)	(Johanniterorden Bonn)
Kurhessen-Waldeck	Kommunität Imshausen bei Bebra	(Pfarrer-Gebetsbruderschaft Marburg) St. Jakobus-Bruderschaft Dalherda/Rhön

Kirche	Kommunitäten/ Lebensgemeinschaften	Bruderschaften
Hessen-Nassau	Christusträger Bensheim Evang. Marienschwesternschaft Darmstadt Jesus-Bruderschaft Gnadenthal bei Limburg Offensive Junger Christen Bensheim	Communio Christi Frankfurt Heliand-Bruderschaft Frankfurt
Baden	Kommunität Adelshofen bei Heilbronn	
Württemberg	Bruderschaft vom gemeinsamen Leben Stuttgart (s.a. Bayern) Christusträger-Schwestern bei Schwäbisch Hall (s.a. Hessen-Nassau) Communität Lindenhof Geislingen Vita communis Waiblingen bei Stuttgart	Bahnauer Bruderschaft bei Backnang Ev. Michaelsbruderschaft Kloster Kirchberg bei Sulz (Evang. Franziskanerbruderschaft Stuttgart) Freudenstädter Kreis Württemberg Irenenring Stuttgart
Bayern	Christusbruderschaft Selbitz bei Hof Christusbruderschaft Falkenstein bei Regensburg Communität Casteller Ring Schloß Schwanberg bei Kitzingen Communitaet Simonshofen bei Nürnberg Evang. Schwesternkonvent Nürnberg Lebensgemeinschaft für die Einheit der Christen, Schloß Craheim b. Schweinfurt St. Johannis-Konvent v.g.L. Fränk. Schweiz	Bruderschaft vom gemeinsamen Leben bei Augsburg Bruderschaft vom Kreuz bei Augsburg/Bayreuth Evang.-Luth. Gebetsbruderschaft bei München

Kirchliche Einbindung

Die Bruderschaften und Kommunitäten sind heute im allgemeinen von den Landeskirchen anerkannt und auf verschiedene Weise in das kirchliche Leben einbezogen. Mit ihren Tagungen, Freizeiten und Einkehrzeiten haben sie ein vielfältiges Angebot für Gemeinden und für den einzelnen Christen. Ihre diakonischen und sozialen Einrichtungen stehen der Kirche zur Verfügung (z.B. Altersheime, Ausbildungsstätten, Gästehäuser). Viele ihrer Mitglieder sind im diakonischen und verkündigenden Dienst der Kirchen tätig (so auch Pfarrer, die Mitglieder von Bruderschaften sind); andere sind engagiert in Kirchenvorständen und in kirchlichen Gremien.

Hinter diesem weitgehend positiven Verhältnis steht ein längerer Weg aufeinander zu: Wie es einen »Lernprozeß Kirche« in den Kommunitäten gab und gibt, so entsprechend auch einen »Lernprozeß Kommunitäten« in den Landeskirchen (Halkenhäuser). Man muß das verstehen: Mit dem Auftreten von ordensähnlichen Gemeinschaften war eine neue Situation entstanden, und es lagen noch keine Muster für den Umgang miteinander vor.

1976 kam es erstmals zu einer offiziellen kirchlichen »Stellungnahme« zu den Kommunitäten. Die Bischofskonferenz der VELKD beschäftigte sich in einer mehrtägigen Klausurtagung auf dem Schwanberg ausführlich mit Fragen einer lutherischen Spiritualität, mit der Charismatischen Erneuerung und mit den Kommunitäten. In dem Text heißt es:

1. Wir sehnen uns nach einer Erneuerung der Kirche. Solche Erneuerung ist uns Menschen nicht verfügbar. Sie will von uns als Gabe des Heiligen Geistes erbeten werden...

2. In unserer Begegnung mit den Kommunitäten konnten wir erkennen, wie stark sie sich bemühen, dem Gottesdienst, dem Gebet und der Stille den Vorrang innerhalb der Anforderungen ihres Arbeitstages zu geben. Sie bringen damit beispielhaft zum Ausdruck, wie sehr wir in unserem Alltag Gottes bedürfen.

Dankbar stellen wir fest, daß diese Kommunitäten als Glieder der lutherischen Kirche auf der Basis der Heiligen Schrift stehen und die Rechtfertigung allein aus dem Glauben leben wollen. Ihre ökumenische Offenheit läßt sie den Schmerz über das Trennende zwischen den Konfessionen und den Wunsch nach Gemeinsamkeit stark empfinden. Sie sind von missionarischem Wollen geprägt. Kommunitäres Leben, das von solchem Geist erfüllt ist, sehen wir als eine Kraft zur kirchlichen Erneuerung an, die zusammen mit bewährten Formen herkömmlichen Gemeinde- und Gemeinschaftslebens die Kirche verlebendigen kann...

5. Wir empfehlen den Gemeinden, beim Nachdenken über kirchliche Erneuerung die Kommunitäten als mögliche Gestaltungen christlichen Lebens zu bejahen...
Miteinander werden wir dabei auf die biblischen Grundlagen zu achten haben, denn nur durch das Wort Gottes wird es zur Erneuerung der Kirche kommen. Gott wird jeder Gemeinde, die in seinem Namen ihre Gottesdienste feiert und den Menschen dient, den Segen nicht versagen. Die Anfechtung lehrt aufs Wort merken und hat Verheißung.
Auch die Evangelische Kirche in Deutschland hat sich in einer Arbeitsgruppe »Spiritualität« mit diesen Themen befaßt. Im Zusammenhang mit deren Ergebnissen hat der Rat der EKD 1979 Empfehlungen herausgegeben, in denen auch die Kommunitäten berücksichtigt sind: Der 1. Abschnitt lautet:
1. Die Gliedkirchen werden gebeten, den in ihrem Raum entstandenen Kommunitäten, sowie den Diakonissen- und Bruderhäusern und anderen Zentren geistlichen Lebens und gemeinsamer Lebensgestaltung besondere Aufmerksamkeit zuzuwenden und bemüht zu sein, dieselben für das Ganze der Kirche fruchtbar zu machen.
Ebenfalls im Jahr 1979 hat der Rat der EKD einen »Beauftragten für den Kontakt zu den Kommunitäten« ernannt. Bischof i.R. D. Helmut Claß hat diesen Auftrag übernommen. Er nimmt an den Treffen der Kommunitäten und Bruderschaften teil und begleitet sie theologisch und beratend.

Die organisatorische Einbindung der Gemeinschaften in die jeweilige Landeskirche kann verschieden geregelt sein. Hier ist noch manches im Fluß, daher kann man darüber nur allgemeine Angaben machen. Grundsätzlich handelt es sich um selbständige Einrichtungen, die meist die Rechtsform des eingetragenen Vereins haben. In ihren Kuratorien befinden sich zuweilen offizielle Vertreter der Kirchen.
Als diakonische Einrichtung können sie Mitglied im Diakonischen Werk der zuständigen Landeskirche sein; missionarische Aktivitäten können der Arbeitsgemeinschaft Missionarische Dienste (EKD) angeschlossen sein, usw. Die Kirchen ihrerseits geben finanzielle Zuschüsse und Darlehen für bestimmte Aufgabenzweige oder für besondere Vorhaben. Unter Umständen werden landeskirchliche Pfarrer für den Dienst in einer Bruderschaft oder Kommunität freigestellt. Auch können Mitglieder für bestimmte Dienste in ihren eigenen Gemeinschaften kirchlicherseits beauftragt oder ordiniert werden. Besondere Abmachungen werden hinsichtlich der Durchführung von Gottesdiensten und Amtshandlungen getroffen.

Bruderschaften und Kommunitäten sind also in einer Weise mit der Kirche verbunden, die ihnen doch auch die nötige Eigenständigkeit gewährleistet. »Wir leben in der Kirche, mit der Kirche, aber gegenüber der Kirche« – so haben Verantwortliche aus den Gemeinschaften vor kurzem ihr Selbstverständnis formuliert.

Kontakte und Treffen

Die Bruderschaften und Kommunitäten haben heute vielfältige Kontakte untereinander. Sie besuchen sich gegenseitig, um sich besser kennenzulernen, und laden sich zu besonderen Anlässen ein. Sie tauschen Erfahrungen untereinander aus und kommen zusammen, um miteinander theologisch zu arbeiten. Auch bestehen seelsorgerliche Verbindungen zwischen den Gemeinschaften und einzelnen ihrer Glieder.

Größere Zusammenkünfte haben sich erst allmählich herausgebildet. Zunächst fanden Begegnungen im Rahmen von Evangelischen Akademien statt. Seit 1968 hat die Evang. Michaelsbruderschaft immer wieder zu bruderschaftlichen Tagungen eingeladen.

Einen neuen Anstoß gab dann das Ökumenische Pfingsttreffen in Augsburg 1971. Mit der Zeit haben sich verschiedene Treffen entwikkelt, die regelmäßig stattfinden. Das eine Mal treffen sich die Kommunitäten unter sich; das andere Mal kommen sie mit (älteren) Bruderschaften zusammen oder aber mit neueren Bewegungen. Einmal sind nur evangelische Gemeinschaften beisammen, ein andermal werden auch katholische (z.B. benediktinische Orden) einbezogen. Auch außerdeutsche Gruppen sind zum Teil mit dabei. Meist kommen nur die Verantwortlichen zusammen, zuweilen aber auch ein erweiterter Kreis. Auch gibt es seit einiger Zeit eine gemeinsame Novizenunterweisung.

Bischof Claß hat sich, seit er für den Kontakt zu den Bruderschaften und Kommunitäten beauftragt ist, vor allem auch um eine Intensivierung solcher Treffen bemüht.

Jedes größere Treffen vermittelt ein Gefühl der Zusammengehörigkeit und stärkt den einzelnen. Vor allem ist es das geistliche Miteinander in den gemeinsamen Gottesdiensten, das verbindet und trägt: Man erlebt eine Einheit, die in dem Einssein mit Christus ihren Grund hat, und erfährt damit zugleich die übergreifende Wirklichkeit seiner Kirche. In dem, was Gott in den einzelnen Gemeinschaften und durch sie wirkt, erkennt man verborgene Zeichen seines Handelns in dieser Welt. Und so kann das Bewußtsein wachsen, daß jeder an seinem Ort und auf seine Weise mitbaut an Gottes Reich.

Gemeinschaften außerhalb der Bundesrepublik
Die Darstellungen in diesem Buch beschränken sich auf die Gruppen im bundesdeutschen Raum. Vor allem bei den grundsätzlichen und auch historischen Aussagen bedeutet das eine Verkürzung. So soll in diesem Abschnitt ein Blick über die Grenzen unseres Landes hinaus geworfen werden.

In der DDR konnte sich – bedingt durch die besondere gesellschaftliche Situation – gemeinschaftliches Leben nicht so leicht in eigenständigen Gruppierungen ausbilden wie bei uns; es entwickelte sich vorwiegend im Rahmen bereits bestehender kirchlicher Zentren bzw. Gemeinden.
Die älteren deutschen Bruderschaften, die zum Teil auf dem Boden der heutigen DDR entstanden sind, haben heute in der DDR selbständige Kreise (z.B. die Evang. Michaelsbruderschaft, die Pfarrer-Gebetsbruderschaft, die Sydower Bruderschaft).
Neu entstanden ist die »Evangelisch-lutherische Christophorus-Bruderschaft«, in der sich 1949 eine Theologengemeinschaft (seit 1943) und ein Kreis von Nichttheologen (seit 1944) zusammengeschlossen haben.
Impulse der charismatischen Bewegung führten dazu, daß im Julius-Schniewind-Haus (bei Magdeburg) eine bereits 1914 gegründete Schwesternschaft mit Namen »Annastift« Anfang der 60er Jahre einen neuen Aufschwung nahm (1980: 57 Glieder). Um das Schniewind-Haus sammelt sich auch eine Tertiärbruderschaft von etwa 40 Pfarrern. Anfang der 70er Jahre entstand in Leipzig die Gemeinschaft der Trinitatisschwestern.
Durch die ebenfalls charismatisch befruchtete Arbeit des Volksmissionskreises Sachsen (Christusdienst) wurden zwei Gemeinden aktiviert: In Bräunsdorf bildete sich 1962 eine Schwesternschaft (1980: 13 Glieder), die sich als »Stand« innerhalb der Gemeinde, nicht eigentlich als »Kommunität« versteht; sie hat keine fixierte Regel und keine Leiterin. Die kleine Brüder-Kommunität (5 Glieder), die sich 1976 in Großhartmannsdorf um den dortigen Gemeindepfarrer gebildet hat, besteht heute nicht mehr.
Mit diesen Zentren auf dem Gebiet der DDR stehen verschiedene Gemeinschaften und Einzelpersonen aus der Bundesrepublik in enger Verbindung.

1. Skandinavien
In den lutherischen Ländern Skandinaviens (hier weist vor allem Schweden eine Vielzahl von Gemeinschaften auf) verlief die Entwick-

lung ähnlich wie in Deutschland: zwischen den beiden Weltkriegen entstanden Bruder- und Schwesternschaften, nach dem Zweiten Weltkrieg feste Kommunitäten. Durchweg sind sie hochkirchlich-liturgisch geprägt.

a) Bruderschaften

Schweden
Sodalitium Confessionis Apostolicae (S.C.A.)
1919 entstanden als Bruderschaft (heute 90 Glieder), seit 1939 auch Schwesternkreis (50 Glieder).
Ähnliche Gemeinschaften gibt es in fast allen Diözesen,
z.B. Sodalitium St. Sigfridi (1949)
Sodalitium St. Brynolfi
Sodalitium Erici (1953)
Societas Sanctae Birgittae (S.S.B.): 1920 von Erzbischof Nathan Söderblom ins Leben gerufen, 300 Glieder.

Dänemark
Teologisk Oratorium (Theologischer Gebetskreis): 1926 gegründet, 150 Brüder, meist Pastoren, in regionalen Konventen.
Fraternitas St. Ansgarii (FSA): 1932 gegründet, Pfarrer und Nichttheologen; 1945 auch Schwesternschaft FSA.

Norwegen
Ordo Crucis: 1933 gegründet, zunächst als Pastorenbruderschaft, dann auch für Laien, 220 Mitglieder. Enge Verbindung zur Evangelischen Michaelsbruderschaft.
Pro Ecclesia
Koinonia

b) Kommunitäten

Schweden
Schwesternschaft der Jesusmutter Maria (J.M.M.S.)
1948 gegründet.
Heiliggeist-Schwestern, 1954 gegründet.
Congregation der Marientöchter (OFM)
1957 gegründet, auch in Dänemark.
Schwesternschaft des auferstandenen Erlösers
1965 gegründet.
Schwestern von Maria Magdalena
1965 gegründet.

Diakonissengemeinschaft Skaga
1968 gegründet.
Heilig-Kreuz-Bruderschaft (benediktinisch)
1965 gegründet.

Norwegen
Schwesternschaft des Apostels Johannes
1970 gegründet.

2. Frankreich

Unter den neueren (evangelischen) Kommunitäten hatte von Anfang an die Communauté de Taizé eine besondere Bedeutung. Sie wurde 1940 durch den reformierten Pfarrer Roger Schutz ins Leben gerufen und 1949 gegründet. Heute stellt sie eine ökumenische Gemeinschaft mit 80 Brüdern aus verschiedenen Konfessionen und aus allen Teilen der Welt dar. Die in der Regel von Taizé niedergelegten Prinzipien des gemeinsamen Lebens und die theologische Arbeit der Bruderschaft haben in vielen anderen Gemeinschaften weitergewirkt. Mit ihren kleinen und großen Jugendtreffen (Konzil der Jugend, Pilgerweg der Versöhnung) hat die Bruderschaft von Taizé heute eine weltweite Ausstrahlung.
Die Anfänge der Communauté de Pomeyrol (Südfrankreich) gehen ins Jahr 1929 zurück; 1948 wurde sie als Schwesternkommunität gegründet. Sie hat die Regeln von Taizé übernommen, aber eine eigene Liturgie entwickelt.
Die Communauté des Diaconesses de Neuilly entstand in den 60er Jahren aus einem Diakonissenhaus in der Nähe von Paris. 95 Schwestern gehören heute zu dieser ordensähnlichen Gemeinschaft. In drei elsässischen Diakonissenhäusern kam es zu ähnlichen Entwicklungen.
Eine neuere Familiengemeinschaft ist die Communauté de Caulmont (1971 entstanden).
Auch Bruderschaften gibt es in Frankreich:
Die Gruppe Les Veilleurs (Geistliche Wächter) bildete sich 1923 um Wilfred Monod.
Die Communauté de Villemétrie, 1954 gegründet, bildet einen Freundeskreis mit freiwilligen Regeln um das Centre Protestant de Villemétrie. Eine Gruppe von Männern, die sich für ein Jahr oder länger verpflichten, trägt das Zentrum.
Eine jüngere Bruderschaft ist die Union de Prière de Charmes, deren Ziel es ist, für die Erweckung der Kirchen, das Heil des jüdischen Volkes, das Kommen Christi und die Auferstehung der Toten zu beten.

Die Evangelische Michaelsbruderschaft hat u.a. auch einen Konvent im Elsaß. Durch sie angeregt wurde die Compagnonnage St. Michael.
Im Rahmen des vom Französischen Protestantischen Kirchenverband 1963 eingerichteten Arbeitskreises zur Erforschung von Gemeinschaftsbildung treffen sich die französischen Kommunitäten und Bruderschaften regelmäßig.

3. Schweiz
In der Schweiz ist die Communauté de Grandchamp (Areuse) eng mit Taizé verbunden. 1944 begannen einige Frauen ein gemeinschaftliches Leben, 1952 legten die ersten 6 Schwestern ihre Profeß ab. Heute gehören über 50 Frauen zur Kommunität.
In Basel sind u.a. durch Anregungen der Christusträger Anfang der 70er Jahre zwei neue Gemeinschaften entstanden: die Steppenblüte mit Werkstattarbeit und einem eigenen Lädeli und die Gruppe Don Camillo, die in einer Kirchengemeinde mitarbeitet und mit ihrer Band evangelistische Veranstaltungen durchführt.

4. Österreich
Durch den Einfluß der Evangelischen Michaelsbruderschaft sind hier zwei kleinere Schwesterngemeinschaften entstanden: Die Ökumenische Schwesternschaft Eichgraben in Niederösterreich und die Kommunität »Freue dich« in Kärnten.

5. Italien
Innerhalb der Waldenserkirche Italiens entstand durch Pastor Tullio Vinay die Communità d' Agape. Aus den Erfahrungen der ökumenischen Arbeitslager zum Bau eines Jugenddorfs in den piemontesischen Alpen bildete sich eine Bewegung der Freunde von Agape. Daraus entstand der engere Kreis einer Lebensgemeinschaft, welche das Zentrum trägt.

6. Großbritannien
Innerhalb der anglikanischen Kirche kam es bereits seit Mitte des 19. Jahrhunderts zur Entstehung ordensartiger Gemeinschaften. Im Gefolge der Oxford-Bewegung, einer hochkirchlich-liturgischen Richtung innerhalb der Church of England, bildeten sich seit 1841 franziskanische, benediktinische und anders geprägte *Ordensgemeinschaften* – zunächst Frauengemeinschaften, dann auch Männergemeinschaften. Heute gibt es etwa 2000 anglikanische Ordensleute in England, in 50 weiblichen und 15 männlichen Orden.

a) Beispiele für Frauengemeinschaften
The Society of the Most Holy Trinity, in Ascot/Berkshire: 1856 entstanden aus den beiden ersten Gemeinschaften
– The Sisters of the Holy Cross, gegründet 1845
– The Sisterhood of Mercy, gegründet um 1850
The Community of St. Mary the Virgin, in Wantage: 1846 gegr.
The Community of St. John the Baptist, in Clewer/Windsor: 1852 gegründet
The Deaconess-Community of St. Andrew: 1861 gegründet
The Community of the Holy Name, in Malvern Link: 1865 gegr.
The Sisters of Bethany, in Bournemouth: 1866 gegründet
The Community of the Sisters of the Church, in Ham Common: 1870 gegründet
The Sisters of Charity, in Bristol: um 1906 gegründet
The Benedictine Community of St. Mary's Abbey, in West Malling / Kent: 1900 gegründet (kontemplativ)
The Community of the Sisters of the Love of God, in Fairacres / Oxford: 1906 gegründet (kontemplativ)
The Order of the Holy Paraclete, in Whitby: 1915 gegründet
The Society of the Precious Blood, in Burnham Abbey: 1916 gegründet (kontemplativ)
The Congregation of the Servants of Christ (House of Prayer), Burnham: 1921 gegründet (kontemplativ)
The Community of St. Clare, in Freeland bei Oxford: 1952 gegründet (kontemplativ)

b) Beispiele für Männergemeinschaften
The Society of St. John the Evangelist (Cowley Fathers): 1866 als erster Männerorden gegründet
The Community of the Resurrection in Mirfield: 1892 gegründet
The Society of the Sacred Mission (Kelham Fathers): 1894 gegründet
The Benedictines of Nashdom: 1914 gegründet
The Society of St. Francis: 1921 gegründet
The Community of the Servants of the Will of God, in Crawley Down: 1938 gegründet, erst seit einigen Jahren stark wachsend (kontemplativ)

Auch in England entstanden offenere Formen gemeinschaftlichen Lebens, z.B. im mennonitischen Bereich. Neuere *Lebensgemeinschaften* sind zum Teil durch charismatische Impulse mitgeprägt.

c) Beispiele für Lebensgemeinschaften
Society of Brothers (Bruderhof-Gemeinschaft)
The Community Lee Abbey

The Community of Pilsdon
The Community of the Word of God, in London
The Community of Celebration (in Verbindung mit der amerikanischen Church of the Redeemer)
St. Michael-en Belftry
Postgreen Community
Bethany Fellowship
Sacred Dance Group

In Schottland bildete sich 1938 eine Bruderschaft von Pfarrern und Handwerkern im Industriegebiet von Glasgow: die Iona Community. Sie hat ihr geistliches Zentrum in der Abtei auf der Insel Iona, an deren Wiederaufbau sie von Anfang an mitarbeitete.

7. Amerika

Zu den USA und Kanada, wo es natürlich eine unübersehbare Fülle von Gemeinschaften gibt, können nur ein paar allgemeinere Bemerkungen gemacht werden. Eine Gruppe von Gemeinschaften entstand seit 1885 bis in die 50er Jahre unseres Jahrhunderts innerhalb der *anglikanischen Kirchengemeinschaft*. Anstöße kamen aus der englischen Mutterkirche (Oxford-Bewegung), und zwar auf dem Wege über die Episkopal Church of Scotland. Zum Teil ließen sich englische Kommunitäten in den USA nieder, oder aber es entstanden neue Ordensgemeinschaften innerhalb der Episcopal Church in Amerika. Sie haben ihren Sitz fast alle im Nordosten des Landes.
Eine andere Tradition geht auf die *Täufer* zurück. Vor allem die Hutterischen Brüder haben in Amerika Gemeinschaftssiedlungen aufgebaut (über 200 Kolonien). Mit ihnen vereinigt sind die *Bruderhöfe* (Society of Brothers), die in den 20er Jahren durch Eberhard Arnold in Deutschland ins Leben gerufen wurden. Drei Niederlassungen bestehen in den USA, eine in England. Die Brüder versuchen heute erneut in der Bundesrepublik Kontakte aufzubauen.
In neuerer Zeit entstand eine Reihe von Gemeinschaften aus dem charismatischen Aufbruch. Andere Gemeinschaften sind stark auf gesellschaftliche Probleme ausgerichtet.
Auch in Amerika suchen die Gemeinschaften Kontakte untereinander. Es haben sich verschiedene »*Netzwerke*« gebildet, die durch folgende Gruppierungen repräsentiert sind:
The Word of God Community – 30 Gemeinschaften weltweit
Reba Place Fellowship – ca. 20 Gemeinschaften in den USA
Society of Brothers – Hutterische und andere neuere Gemeinschaften.

Darstellung der Gemeinschaften

1. Bruderschaften und Schwesternschaften

Ahldener Bruderschaft

3030 Walsrode-Krelingen, Tel. (05167) 296

Bruderschaft von Pfarrern und Verkündigern
mit Freundeskreis etwa 120 Personen
Leitung: Dir. Pastor Heinrich Kemner, Bruderrat
1952 in Ahlden durch den dortigen Gemeindepfarrer Heinrich Kemner ins Leben gerufen.

Impulse
Von verschiedenen Predigern und Verkündigern war aus der Not innerer Vereinsamung der Wunsch geäußert worden, für den seelsorgerlichen Dienst den Weg einer Bruderschaft im pietistisch-lutherischen Sinn zu gehen.

Geistliches Leben
Ziel der Ahldener Bruderschaft ist ein Zusammenschluß von verantwortungsbewußten Personen, die sich zu Jesus Christus als ihrem Herrn bekennen und die bereit sind, im gehorsamen Hören auf Gottes Wort und die Führung des Heiligen Geistes ihr Leben in Haus und Amt so einzurichten, daß Jesus Christus als ihr persönlicher Herr und Befreier bezeugt wird.
3-4 Bruderschaftstagungen jährlich mit Schwerpunkt auf Bibelarbeit, Gebetsgemeinschaft, Seelsorge und Abendmahlsfeier.
Tägliche Fürbitte für die Bruderschaft und die einzelnen Brüder auf Grund eines »Sternbriefs«, der zweimal jährlich erscheint.

Aufgaben und Einrichtungen
Geistliches Rüstzentrum Krelingen, gegründet 1971:
Hilfe für Drogensüchtige und psychisch Kranke

Krelinger Jugend- und Erweckungstage
Erweckliche Tagungs- und Rüstzeitarbeit
Sprachliche und theologische Studienkurse für Theologiestudenten
Seniorenwohnheim
Krelinger Mediendienst (KMD)
Zeitschrift: »Erweckliche Stimme«, monatlich, seit 1960.
Veröffentlichungen von Heinrich Kemner zu evangelistischen und seelsorgerlichen Themen und andere Literatur im Selbstverlag.

BRÜDERLICHE SEELSORGE

Pastor Heinrich Kemner schreibt in seiner Autobiographie, wie es zur Entstehung der Ahldener Bruderschaft gekommen ist:

Parallel mit den evangelistischen Diensten ergab sich für mich seelsorgerlich mehr und mehr eine andere Not. Weil es nicht ausblieb, daß ich durch mancherlei Rufe in viele Pfarrhäuser und auch Predigerwohnungen kam, führten die menschlichen Kontakte auch oft an jene Grenze, an der das Vertrauen zur Seelsorge geschenkt wird. Es hat mich erschüttert, wenn ich sah, wie oft hinter dem Dekorum des Amtes und dem Lauf der vorgeschriebenen Konferenzen bei aller Betriebsamkeit dem Seelsorger die Seelsorge fehlte. Ja, die dienstliche Unruhe und die Betriebsamkeit stehen oft im umgekehrten Verhältnis zur geistlichen Vollmacht. Besonders wenn es in der Ehe und Familie des Pfarrers nicht harmoniert, kommen Nöte, die disziplinarisch werden können. Wie viele Gemeinden müssen einen Prediger ertragen, der wohl die Kasualien rechtgläubig abwickelt, aber zu dem das eigentliche Vertrauen fehlt. Als Evangelist habe ich erfahren, daß ich oft nach drei Tagen Umgang mit der Gemeinde die Nöte des Pfarrhauses schärfer sah und mehr wußte, als der Pfarrer es ahnte und vermutete. Wie gefährlich kann die Lüge in der Selbsttäuschung eines Pfarrers sein, wenn er den Weg zum Beichtstuhl Gottes selber nicht findet! Nur in seltenen Fällen geht der Pfarrer oder Prediger, wenn ihn irgendwo der Schuh drückt, zu seiner vorgesetzten Dienststelle. Sie hört ja immer, wie kann es auch anders sein, mit einem doppelten Ohr. Wenn man nun auch nach außen verschwiegene Nöte abdeckt, so hat diese dauernde Verdrängung doch eine Begrenzung. Wenn das Pfarramt hier keine Routine werden soll, braucht man eine Bruderschaft und Gemeinschaft, die das Maß des Konventionellen durchbricht, die Verbindlichkeit einer Seelsorge schenkt, in der man sich selber mit seiner Vergangenheit, seinen Sorgen und Nöten los wird.

Es waren durchaus keine kriminellen Nöte und disziplinarischen Dinge, die zur Gründung der Ahldener Bruderschaft führten. Sie ist überhaupt nie gegründet worden. Es war die seelsorgerliche Not, die einsichtig machte, daß man dem anderen nur helfen kann, wenn man seine Not mit ihm durchleidet. Unerträglich die Einsamkeit, die nur in der Bruderschaft und der gelebten Verbindlichkeit mit Christus gemeistert werden konnte. Als sie sich vor nunmehr dreißig Jahren zum ersten Mal zusammenfand, ist sie als Beichtbruderschaft unter dem Kreuz geboren und hat von daher ihre Verbindlichkeit behalten. Aus: Heinrich Kemner, Da kann ich nur staunen

BRUDERSCHAFT
Die Bruderschaft lebt aus der Gewißheit der Vergebung der Sünden und verwirklicht sich im Sinne von Apg. 2,42: »Sie blieben aber beständig in der Apostel Lehre und in der Gemeinschaft und im Brotbrechen und im Gebet.«
Die Bruderschaft übt den brüderlichen und seelsorgerlichen Austausch und Zuspruch. Insbesondere gibt sie Gelegenheit zur Seelsorge, Aussprache und Privatbeichte mit dem Ziele des Freiwerdens und der immer neuen Ausrichtung für den bevollmächtigten Dienst.
Es sollte das Anliegen jedes Mitglieds sein, täglich Fürbitte für die Bruderschaft zu tun.
In der Bruderschaft und auf ihren Tagungen gilt als äußeres Zeichen der brüderlichen Verbundenheit als Anrede das »Du«.
Jeder Bruder trägt die Verantwortung für die innere und äußere Ordnung der Bruderschaft. Aus der Satzung

Ansverus-Bruderschaft

Vor den Hegen 20, 2055 Aumühle, Tel. (04104) 31 58

Bruderschaft für Männer
24 Brüder (seit 1984 auch Frauen)
Ansverusring: für Männer und Frauen
15 Mitglieder
Prior: Pastor Jürgen Stäcker
Seit 1955 Sammlung in Hamburg mit einer kurzgefaßten Regel; 1961 als »Ansverus-Bruderschaft« mit ausführlicher Regel in Ratzeburg gegründet.
1979 bildete sich aus dem Freundeskreis der »Ansverus-Ring«.

Impulse
Man suchte nach einem Weg für ein verbindlich gelebtes Christsein in der Welt.

Kontakte zur Michaelsbruderschaft und zum benediktinischen Mönchtum.
Anstöße durch Prof. Dr. Albrecht Peters.

Geistliches Leben
Die »Regel« will Hilfe sein, in der Nachfolge Christi und in der Gliedschaft an seinem Leibe zu bleiben: tägliches Gebet und Bibellese, Betonung von Beichte und Eucharistiefeier, Engagement in Berufswelt, Familie und Kirchengemeinde. Ausgesonderte Tage.

Aufgaben und Einrichtungen
Ansverus-Haus (Jugend- und Einkehrhaus in Aumühle bei Hamburg):
Ausgesonderte Tage, theologische und methodische Seminare, Werktagsretraiten, Gestaltung der Weihnachtstage, der Karwoche und Osternacht, Pilgerwanderungen, Tage der Begegnung.
Weiterentwicklung der musikalischen und sprachlichen Gestalt der Psalmengesänge und der Gottesdienste, »Ansverus-Psalter«.
Veröffentlichung: Erlebnis Bruderschaft, Hamburg 1984, Selbstverlag.

ANSVERUS-BRUDERSCHAFT UND ANSVERUS-HAUS
Die Anfänge der Ansverus-Bruderschaft liegen in den fünfziger Jahren. Einige Studenten verschiedener Studienrichtungen suchten nach einem Weg für ein verbindlich gelebtes Christsein in dieser Welt. Sie wollten der Kirche dienen, indem sie junge Menschen sammelten, die »mit Ernst Christen sein wollten und das Evangelium mit Hand und Mund bekennen« (Martin Luther).
Der frühen Begegnung mit der Michaelsbruderschaft und dem Benediktinerorden verdankt sie Erfahrungen mit reicher Liturgie, mit »Ausgesonderten Tagen«, mit dem regelmäßigen Gebet, mit dem Abendmahl und der Einzelbeichte. Die Ehefrauen der Brüder, die es am Anfang noch nicht gab, nehmen jetzt aktiv am Leben der Bruderschaft teil.
Damals waren solche Vorstellungen von Engagement und gemeinsamem Leben in der evangelischen Kirche sehr neu und ungewöhnlich. Jetzt, fast dreißig Jahre danach, zeigt sich immer mehr, daß von vielen Menschen die volkskirchlichen Strukturen als anonym und unpersönlich empfunden werden. Alle kirchlichen Erneuerungsbewegungen sind zurückzuführen auf verbindliches Gruppenleben, in dem jeder einzelne konkrete Anforderung, Stütze und religiöse Erfahrungen findet.

Diese Erfahrungsmöglichkeiten wollte die Bruderschaft anbieten. 1961 sind die ersten Brüder im Ratzeburger Dom eingesegnet und auf eine Regel verpflichtet worden, die im Grunde nur »Selbstverständlichkeiten« des christlichen Lebens, die sich aus der Taufe ergeben, festhält: tägliches Gebet, das persönliche Leben mit der Bibel, Fürbitte für die Familien, die Freunde und die Nöte in der Kirche und in der Welt. Jeder Bruder soll in einer örtlichen Kirchengemeinde zu Hause sein und dort seine Kräfte und Gaben einsetzen. Die Brüder geben 5 % ihres Einkommens für die gemeinsamen Aufgaben.
Ein wichtiger Satz der Regel, der vor allem in den letzten Jahren immer aktueller wurde, lautet: »Die Bruderschaft möchte in unserer Welt, in der alte Ordnungen sich auflösen und neue kaum gefunden sind, Zentren rechter Gemeinschaft bilden, in denen die Freude und der Friede der Kinder Gottes sichtbar werden...«
Ansverus war Abt des Benediktinerklosters St. Georg zu Ratzeburg. Er wurde bei einem Aufstand der Wenden am 15. Juli 1066 mit achtzehn seiner Mitmönche vor den Toren Ratzeburgs gesteinigt. Etwa hundert Jahre nach seinem Märtyrertod wurden seine Gebeine in den Ratzeburger Dom überführt. Er wurde neben Maria, der Mutter Jesu, und dem Evangelisten Johannes, denen der Dom geweiht ist, zum dritten Schutzpatron des Domes.
Das Ansverus-Haus ist zu einem geistlichen Treffpunkt für viele Gruppen und Freunde aus dem norddeutschen Raum geworden. Vor allem viele junge Menschen in ihrem Suchen fanden im Ansverus-Haus auf den verschiedenen Tagungen, Seminaren und Einkehrtagen Glaubensheimat und Hoffnung für ihr Leben. Für die Bruderschaft wurde die Begegnung mit den jungen Menschen eine Herausforderung. Die Fragen der Jugend haben das geistliche Leben der Bruderschaft jung gehalten. So, wie sie spüren mußte, daß sie gebraucht wurde, hat sie durch die suchende und fragende Begegnung mit anderen viel gelernt. Aus: Erlebnis Bruderschaft, Hamburg 1984

BRUDERSCHAFTSGEBET

Herr, wir bitten um deinen Segen für unsere Brüder und Schwestern und nennen dir ihre Namen: . . .
Wir bitten dich für unsere Kinder. Wir bitten für unsere Freunde und für alle Menschen, mit denen wir an den Orten unseres Lebens Gemeinschaft haben und die mit uns den Weg der Arbeit gehen.
Wir bitten dich für den Visitator der Bruderschaft, . . ., für die Bischöfe unserer Kirchen, für die Gemeinden, die wir lieb haben, um die wir uns sorgen und in denen wir arbeiten und leben, für die Hirten und Lehrer, ihre Ältesten und alle ihre Glieder.

Wir bitten um deinen Segen für die uns verbundenen Bruderschaften und Kreise, für . . .
Wir bitten um deinen Segen für das Ansverus-Haus und alle Menschen, die dort arbeiten und die dort einkehren.
Wir gedenken vor dir aller Brüder und Schwestern in der weiten Christenheit, die mit uns um das Neuwerden und die Einheit deiner heiligen Kirche beten.
Verbinde uns in der Gemeinschaft des Glaubens, der Liebe und der Hoffnung.
Gib deinen Segen zu dem Werk, das uns befohlen ist.
Vergib uns unsere Schuld.
Bleibe bei uns mit deiner Gnade und Güte, mit deinem Trost
und Segen, mit deinem heiligen Wort und Sakrament.
Wir danken dir für unsere Gemeinschaft.
Wir danken dir für die Gabe deiner Schöpfung.
Wir danken dir für dein unergründliches Erbarmen.
Wir danken dir für den Beistand deines Heiligen Geistes. Amen.

Bahnauer Bruderschaft

7153 Weissach im Tal, Tel. (07191) 55 05

Bruderschaft von Predigern
ca. 300 Mitglieder
Leiter: Pfarrer Manfred Bittighofer
1906 Gründung des Gemeinschaftsbrüderhauses in Preußisch Bahnau/Ostpreußen durch Pastor Carl Lange, weitergeführt durch Pastor Lic. Friedrich Busch. Die dort Ausgebildeten schlossen sich zusammen als »Bahnauer Bruderschaft«.
1948 Neugründung der Ausbildungsstätte als »Evangelische Missionsschule der Bahnauer Bruderschaft« in Unterweissach (Württ.) durch Pfarrer Max Fischer und Pfarrer Johannes Wieder.

Impulse
Ostpreußische Erweckungsbewegung. Bekennende Kirche.

Geistliches Leben
Das verbindliche Hören auf Gottes Wort, das gemeinsame Lernen und Arbeiten in der Missionsschule, die Pflege der Gemeinschaft und die theologische Arbeit in den Konferenzen – das alles bindet zusammen zu einer Bruderschaft, die eine Dienstgemeinschaft Jesu Christi sein will.

Aufgaben und Einrichtungen
Evangelische Missionsschule in Unterweissach:
Ausbildung in 5 Jahren zum Verkündigungsdienst als Volksmissionar, Prediger, Gemeindediakon, Jugendreferent.
Bahnauer Brüder stehen im Dienste der Landeskirchen und der Landeskirchlichen Gemeinschaften in Deutschland, Österreich und der Schweiz; ausgesandt über das Kirchliche Außenamt der Evang. Kirche in Deutschland arbeiten sie in Kirchen in Übersee; andere sind Mitarbeiter bei Missionsgesellschaften.
»Kirche unterwegs« der Bahnauer Bruderschaft: Eine von Pfarrer Max Fischer 1956 gegründete missionarische Arbeit mit der ersten »fahrbaren Kirche« im Bereich der Bundesrepublik.
Heute: Campingdienste am Bodensee und im Schwarzwald; Jugendwochen; Evangelisationen; musikalische Veranstaltungen (Mitarbeiter: Pfarrer und Liedermacher Winfried Dalferth).

»SELBSTVERSTÄNDNIS«
Die Bahnauer Bruderschaft weiß sich in besonderer Weise berufen, die Verbindung zwischen Pietismus und Theologie zu suchen und zu pflegen. Auch sieht sie ihre Aufgabe im evangelistischen Dienst innerhalb der Kirche.
Entscheidend angeregt durch die Neuentdeckung der reformatorischen Rechtfertigungslehre vertritt sie die Richtung eines »reformatorisch gereinigten und bereicherten Pietismus«. Unter diesem Stichwort sind für sie im wesentlichen folgende Gesichtspunkte zusammengefaßt:
Ein elementares Vertrauen zum schaffenden Wort Gottes, das sowohl die Göttlichkeit als auch die Menschlichkeit der Heiligen Schrift voll ernst nimmt.
Eine Verkündigung, deren tragendes Fundament die biblisch-reformatorische Mitte der Heiligen Schrift, die Lehre von der »Rechtfertigung des Gottlosen aus Gnaden allein« ist.
Eine Betonung der biblischen Einheit von Lehre und Leben, wobei die Heiligung als ständige Frucht (Gabe und Aufgabe) der Rechtfertigung verstanden wird.
Norm allen Dienstes der Bruderschaft ist die für Lehre und Leben verpflichtende Bindung an die Heilige Schrift in Übereinstimmung mit den reformatorischen Bekenntnisschriften und der Theologischen Erklärung von Barmen 1934.
Glied der Bahnauer Bruderschaft wird, wer die Ausbildung in der Missionsschule durchlaufen, sich im Probedienst bewährt hat und vom Vorstand zur Ordination berufen wurde.

Bruderschaft vom gemeinsamen Leben

Luitpold Schatz, Neuer Weg 5, Ottmaring, 8904 Friedberg, Tel. (0821) 60 21 11

Bruderschaft: 10 Brüder
Schwesternschaft: 4 Schwestern, 15 Frauen
Geschwisterschaft (Familien): ca. 150 Glieder
Vorst.: Luitpold Schatz
1905 gegründet in der Schweiz. Nach 1945 in Deutschland.
Die »Vereinigung vom gemeinsamen Leben im Ökumenischen Christusdienst« (so die offizielle Bezeichnung) ist eingebunden in die »Christentumsgesellschaft in Deutschland«, die 1919 in Badenweiler gegründet wurde (zu ihr gehört auch die »Bruderschaft vom Kreuz«).

Impulse
Die Bruderschaft steht in der geistlichen Sukzession der mittelalterlichen »Brüder vom gemeinsamen Leben«, bei denen es um ein »brüderisches Leben in freier und reifer Zucht, in Offenheit zur Welt, mit beruflicher Verantwortung« ging.

Geistliches Leben
Der Dienst an der Einheit der Christenheit soll sich im bruderschaftlichen, von der Liebe Gottes getragenen Leben verwirklichen.
Der Gebetsdienst kann verschiedene Formen haben, wobei die Teilhabe am Gebetsleben der Gesamtkirche wichtig ist: Stundengebete, freies Gebet, Schweigen; das tägliche »Einheitsgebet« um 11 Uhr wurde von verschiedenen Bruderschaften und Kommunitäten übernommen.

Aufgaben und Einrichtungen
Die Bedeutung der Bruderschaft liegt mehr in einem stillen Wirken: Gebetsdienst, Kontakte – etwa zu anderen Kommunitäten und Bruderschaften –, seelsorgerliche Dienste.
Die Glieder stehen im normalen Berufsleben und wohnen in Häusern zusammen (Stuttgart-Weilimdorf, Augsburg, Nürnberg).
Im »Ökumenischen Lebenszentrum Ottmaring« (bei Augsburg) leben sie zusammen mit Gliedern der »Bruderschaft vom Kreuz« und der katholischen »Focolare-Bewegung«.

Lebensregel vom gemeinsamen Leben

Unsere Regel ist die Liebe Gottes, die der Heilige Geist ausgießt in unsere Herzen Tag für Tag. Seine Liebe höret nimmer auf. Sie grüßt uns am Morgen, stärkt uns am Mittag, vergibt uns am Abend, behütet uns in der Nacht. Wir liegen oder sitzen oder stehen auf, so umgibt sie uns. Sie ist völlig, denn sie wurde Mensch nach Geist, Seele und Leib. Sie ist die gleiche Liebe, die alle Brüder und Schwestern gleich liebt, alle Menschen, alle Welt und Schöpfung. Diese Liebe vom Vater in Seinem Sohne Jesus Christus, die alles trägt, alles glaubt, hofft, duldet, die für alles Rat und Weisheit hat, alle und jedes umfängt, die unsere immerwährende Erlösung, unsere Versöhnung und Vereinigung ist – sie ist unsere Regel ohne Ende und Aufhören.

Sie ist unsere Freude, denn sie beglückt uns unaufhörlich neu.

Sie ist unser Friede, denn in ihr sind wir heimgebracht und ruhen in Gott miteinander und füreinander.

Sie ist unsere Geduld, denn sie höret nimmer auf.

Sie ist unsere Freundlichkeit, denn mit ihr begegnen wir einander.

Sie ist unsere Gütigkeit, denn mit ihr segnen wir einander.

Sie ist unser Glaube, denn sie lehrt uns, allein dem für immer zu trauen, der uns geliebt hat bis zum Tode.

Sie ist unsere Sanftmut, denn mit ihr überwinden wir das Böse, wie wir überwunden wurden und werden von Ihm.

Sie ist unsere Keuschheit, denn sie ist die Liebe des heiligen Gottes und des lauteren Jesus, durch die wir uns froh enthalten können alles Unlauteren.

Sie ist unsere Armut, denn sie macht unaufhörlich reich, und je ärmer wir werden nach innen und außen, desto mehr wird sie uns füllen und versorgen in allem.

Sie ist unser Gehorsam, denn es ist ihr Drang, den Geliebten zu hören und ihm zu folgen, wohin er führt. Die Liebe hat allezeit das rechte Schweigen, das rechte Wort, den rechten Befehl. Sie hört auch den Vorsteher, den Bruder, die Schwester, die aus der Liebe reden, mahnen und weisen, und sie fragt nach ihnen, wie sie über allem nach Gott fragt. Ja, sie vermag noch aus Haß und Kritik zu lernen, indem sie segnet und vergibt.

Sie ist unsere Demut, denn wir selbst besitzen sie nicht, sie werde uns denn gegeben immer, immer neu.

So ist die Liebe Gottes uns alles. Sie ist unser Licht und unsere Erleuchtung, denn sie ist die heilige Einfalt, und dem einfältigen Auge und Herzen öffnen sich die Geheimnisse Gottes und all Seiner Geschöpfe im einzelnen und im ganzen. Die Liebe Christi läßt uns tragen, leiden, sterben für die Brüder, für die Eine Herde, für Ihn.

Die Liebe bestimmt die ledigen Brüder und Schwestern, die in ihr sich Gott und dem Sohn und dem Geist allein geloben und damit der ganzen Menschheit und Schöpfung. Sie bestimmt die verheirateten Geschwister, die in dieser Liebe ihre Ehe zu leben geloben als ein Abbild der Ehe Christi mit Seiner Gemeinde. So bestimmt die Liebe die natürliche und geistliche Lebensordnung in allen Formen und Graden, ob eigener oder gemeinsamer Haushalt geführt wird, ob Selbstverwaltung von Geld und Eigentum oder Gütergemeinschaft geübt wird. In allem ist die Liebe wahr und offen vor Gott und den Brüdern. Sie bestimmt die Verantwortung in allen Bereichen, es handle sich um Essen und Trinken, Kleidung und Wohnung, Wachen und Ruhen und Arbeiten, um Beschauung und Wirken, um Diakonie und Mission. Sie gilt auch im beruflichen, wirtschaftlichen, sozialen und politischen Bereich. Die Liebe trägt in sich die wahre Ordnung von Raum und Zeit und aller Gaben und Ämter, die sie in mannigfacher Art und Berufung gibt und annimmt. Sie verachtet kein geschichtlich gewordenes Amt und freut sich aller Dienste und Diener, die der Herr unmittelbar erweckt und sendet, ja sie bittet um sie alle, die verheißen und zugesagt sind. So bejaht die Liebe auch die verschiedenen Bruderschaften wie jeden einzelnen Bruder, ohne Bevorzugung noch Vernachlässigung, und bleibt doch dem Nächsten treu. Sie ist auch die Regel für die Gemeinsamkeit der Kirchen und Völker. Sie lehrt ein jedes, seine Kirche und sein Volk zu lieben, und das heißt: dienen, opfern und leiden. Und zugleich lehrt sie, nicht bei dem, was eigen ist, stehen zu bleiben, sondern die anderen zu lieben wie sich selbst, auch die anderen Kirchen wie die eigene, die anderen Völker wie das eigene. Ja, die Liebe vermag die herrliche göttliche Vielfalt zu erkennen und zu vereinen, ohne sich zu zersplittern noch zu verengen, denn sie ist die Liebe dessen, der am Kreuz die Zerstreuung und Sünde trug und versöhnte in Gott.

Über allem aber bestimmt die Liebe das Gotteslob und die Anbetung, den Gottesdienst und die Liturgie, die danksagende Mahlfeier und die Fußwaschung der Brüder. In welcher Form dies immer geschieht, ohne die Liebe wäre es nichts, und erst die Liebe macht es lebendig und wahr: Im Geist und in der Wahrheit! Ja, die Liebe ist das immerwährende Gebet, das Stundengebet, das Chorgebet, das Gebet der Einsamkeit, mit und ohne Worte, vernünftig und in Zungen, im Dom wie in der Kapelle, im Haus wie auf dem Feld, in der Küche wie im Keller oder im Bergwerk, in der Fabrik und Werkstatt wie im Schlafgemach, in der Freiheit wie im Gefängnis und im Martyrium, im Osten wie im Westen, im Himmel und auf Erden. Die Liebe höret nimmer auf. Sie ist Schöpferruf am Morgen, Opfergebet am Mittag,

Friedensschluß am Abend und ewiges Licht in aller Nacht. Maranatha – Ja, komm Herr Jesu!

»EINHEITSGEBET«
Herr Jesus Christus, wir beten dich an und danken dir, denn durch deinen Opfertod am Kreuz hast du die Welt erlöst.
Dein Blut komme über uns und über unsere Kinder gnädiglich, über alle Menschen an allen Orten in allen Ständen mit allen ihren Anliegen, über dein altes Bundesvolk und das Land seines Erbes und über die ganze nach Freiheit seufzende Kreatur.
Besonders komme dein Blut, o Herr, in unser Verhältnis zu dir und zu uns untereinander. Vereinige uns alle mit dir und miteinander in der einen, alle und alles umfassenden Lebens- und Liebesgemeinschaft, unzertrennlich in deinem heiligen Herzen:
zu Gottes alleiniger Ehre, zum Kommen des Himmelreiches, zu aller Heiligen und der Engel Freude und zu unserem ganzen Heil an Leib, Seele und Geist, auch an Hab und Gut, in Vergangenheit, Gegenwart und Zukunft, daß der Wille des Vaters wie im Himmel so auf Erden geschehe. Amen.

Bruderschaft vom Kreuz (Kreuzbruderschaft)

Pfr. Dieter Fürst, Tannenweg 9, Ottmaring, 8904 Friedberg,
Tel. (0821) 60 14 58

104 Glieder
Vorst.: Pfr. Dieter Fürst
1958 Gründung der Bruderschaft vom Kreuz in Seeshaupt/Starnberger See.
1957 Entstehung der sog. »Lehrerbruderschaft« in Selbitz.
1962 Vereinigung der beiden Gruppen.
Seit 1969 ist die Bruderschaft vom Kreuz korporativ eingegliedert in die »Christentumsgesellschaft in Deutschland« und ist damit eng verbunden mit der »Bruderschaft vom gemeinsamen Leben«.

Impulse
In einem Hofer Schüler-Bibelkreis kam es nach 1945 durch Pfr. Ernst Gleede zu einer Erweckung, aus der ein verbindlicher Bruderkreis hervorging. Auch in der Evang. Studentengemeinde Bayreuth entstand durch Freizeiten mit Pfr. Gleede neues geistliches Leben unter angehenden Lehrerinnen und Lehrern (1955), wodurch die Bildung der »Lehrerbruderschaft« ausgelöst wurde.

Wesentliche geistliche Anstöße erhielten beide Gruppen durch Begegnungen mit der »Bruderschaft vom gemeinsamen Leben«, vor allem mit Pfr. Klaus Heß und Br. Eugen Belz. Damit ergab sich eine ständige Verbindung mit dem Werk, das in der Schweiz entstanden war (»Schweizerischer Diakonieverein« in Rüschlikon) und sich dann in Deutschland in der »Christentumsgesellschaft« fortsetzte.

Geistliches Leben
Richtschnur ist das Wort der Bibel. Daneben bedarf es keiner Regel. Im Lauf der Jahre entstanden »Grundzüge einer Aufnahme- und Lebensordnung der Bruderschaft vom Kreuz«, in denen die wichtigsten Elemente und Ausformungen des bruderschaftlichen Lebens zur Darstellung kommen.

Aufgaben und Einrichtungen
Wirksamkeit zunächst im persönlichen Bereich: in der Ortsgemeinde, im Beruf, in der Nachbarschaft, im Hauskreis.
Die Arbeit unter den Lehrern konzentriert sich in der »Arbeitsgemeinschaft für Erziehung« mit einer kleinen Tagungsstätte in Naila und jährlichen Freizeiten für einen großen Freundeskreis. An verschiedenen Orten arbeiten Bruderschaftsmitglieder in Heim-Sonderschulen mit.
In den Tagungen der »Arbeitsgemeinschaft für Gemeindeaufbau« werden Pfarrer und ihre Mitarbeiter zusammengerufen. Eine Reihe von Bruderschaftsmitgliedern sind Gemeindepfarrer.
Das Zeugnis der Einheit geschieht auch durch das aktive Mitleben im »Ökumenischen Lebenszentrum Ottmaring«.

BRUDERSCHAFT LEBEN
Gott ist treu, durch den ihr berufen seid zur Gemeinschaft seines Sohnes Jesus Christus unseres Herrn (1. Kor. 1,9).
Unwiderruflich sind die Gaben und die Berufung Gottes (Röm. 11,29).
Dienet einander, ein jeglicher mit der Gabe, die er empfangen hat, als die guten Haushalter der mancherlei Gnade Gottes (1. Petr. 4,10).

Unser Verständnis von Bruderschaft
Gott hat in Kreuz und Auferstehung Jesu Christi mit den Menschen einen neuen, ewigen Bund geschlossen. Dieser wird ihnen in der Taufe zugeeignet. Wir nehmen diesen Bund persönlich im Glauben an und leben ihn als Glieder der Bruderschaft vom Kreuz mit seinen Konsequenzen.

Alle Christen sind durch die Taufe auf den Dreieinigen Gott unauflöslich untereinander verbunden. Sie sind Glieder in der einen, heiligen, katholischen und apostolischen Kirche. Wir verstehen Bruderschaft als Zeichen Gottes für die Einheit der Kirche, als Herausforderung an die Christenheit, im Taufbund zu leben und in der Nachfolge Jesu Trennungen in der Liebe zu überwinden. In Leben und Dienst sind wir in unsere jeweilige Ortsgemeinde hineingestellt.
Bruderschaft leben wir vor allem als geistliche Familie in kleinen Gruppen am Ort.
Wir teilen äußere und innere Erfahrungen einander mit und fragen bei unseren Problemen und anstehenden Entscheidungen gemeinsam nach dem Willen Gottes. Wenn wir eigene Ideen, Wünsche und Erwartungen aufgeben und dabei aufeinander und gemeinsam auf Gott hören, wächst und erneuert sich brüderliches Vertrauen.
Die Bruderschaft am Ort lebt von Wort und Sakrament, Seelsorge und Gebet, von geistlichen Gaben und Diensten (Ämter). So erfahren wir die Kraft des Heiligen Geistes und der Liebe Christi.
Sammlung und Einheit in Gott sind unser vorrangiger Auftrag. Ohne sie können Sendung und Dienst in der Welt nicht vollmächtig geschehen. Darum hüten wir in vertrauensvoller Hingabe das Feuer des Glaubens und der Liebe: Jesus in mir – Jesus in den Brüdern – Jesus in unserer Mitte – Er in uns und wir in Ihm. Ziel unseres brüderlichen Lebens ist die alle und alles umfassende Liebes-, Lebens-, Arbeits-, Dienst- und Opfergemeinschaft im Dreieinigen Gott.

Das Leben in der Bruderschaft vom Kreuz
Es vollzieht sich in der Freiheit des Glaubens und in der Gebundenheit der Liebe. »Der Geist macht lebendig.« Die Bruderschaft erwartet nicht Leistungen, sondern Glaubensgehorsam und Früchte des Geistes. Sie achtet bei aller Freude an der Tat immer auf die Gesinnung und die innersten Motive. Sie bietet den Brüdern vertrauende Gemeinschaft, Rat und Ermahnung in persönlichen und gemeinsamen Dingen an. Sie bemüht sich, eine umfassende Sicht von Kirche und Christenheit, Geschichte und Gesellschaft zu vermitteln.
Weil sich Bruderschaft nur in der Freiheit bewährt, üben die Vorsteher Zurückhaltung im Blick auf konkrete Weisungen; die Brüder aber suchen sich als vom Geist Getriebene mit ihren Gaben und Diensten in das Ganze einzufügen...

Aus: Grundzüge einer Aufnahme- und
Lebensordnung der Bruderschaft vom Kreuz

Evangelische Gabriels-Gilde

Haus der Stille, Am Kleinen Wannsee 9, 1000 Berlin 39,
Tel. (030) 8053064

Zusammenschluß von unverheirateten und verheirateten Männern und Frauen
39 Glieder
Leitung: z. Zt. offen
1958 in Berlin gegründet.

Impulse
Enge Kontakte bestehen zur Evangelischen Michaelsbruderschaft. Eine andere Wurzel liegt in Jugendrüstzeiten und Stillen Wochenenden zur Zeit des Kirchenkampfs.

Geistliches Leben
Die Benennung nach dem Engel Gabriel bedeutet: Das Leben aus der Kraft der Stille (Verkündigung an Maria) und vom Gottesdienst her (Zacharias).
Verbindliche Ordnung durch eine Regel.
Der sonntägliche Gottesdienst mit der Feier des Abendmahls hat eine zentrale Bedeutung. Daraus folgt das Hören auf das Wort der Bibel, Gebet, Fürbitte, Stille und Meditation als geistliche Ordnung.

Aufgaben und Einrichtungen
»Haus der Stille« für Meditationskurse und Wochenendtagungen und für Einzelgäste.
Einübung von Stille und Meditation auch mit den Tagzeitengebeten und der Evangelischen Messe.

BETRACHTUNG AM MITTAG
Jeden Tag im Mittagsgebet betrachten wir die Menschwerdung des Herrn:
»Der Engel des Herrn brachte Maria die Botschaft
und sie empfing von dem Heiligen Geiste.
Siehe, ich bin des Herrn Magd,
mir geschehe, wie du gesagt hast.
Und das Wort ward Fleisch und wohnte unter uns
und wir sahen seine Herrlichkeit.«
Zur Mitte des Tages, wenn die Sonne den höchsten Punkt ihrer Bahn erreicht hat, gedenken wir jenes Geheimnisses des Sich-Herabsenkens Gottes und seines Eingehens in unser Menschsein in der Person Jesu Christi.

Diese Form der Betrachtung, wie wir sie im Mittagsgebet haben, ist nicht einfach die einschärfende Wiederholung des theologischen Lehrsatzes: »Gott wurde Mensch«, damit wir seine Richtigkeit ja nicht bezweifeln. Vielmehr überlassen wir uns einem stufenförmig sich vollziehenden Geschehen.

»Der Engel des Herrn brachte Maria die Botschaft
und sie empfing von dem Heiligen Geiste.«

Mariä Verkündigung ist in unserem Haus auf vielen Bildern dargestellt. Eines davon lasse ich vor meinem inneren Auge aufsteigen. Ich sehe Maria, den Erzengel Gabriel mit grüßender Gebärde und auch den Lilienstab zwischen ihnen. Ich sammle meine ganze Wahrnehmung auf das Bild, lasse mich durch nichts ablenken, nehme es in mich auf.

»Siehe, ich bin des Herrn Magd,
mir geschehe, wie du gesagt hast.«

Ich identifiziere mich mit Maria und nehme ihre Haltung ein. Ich bin ganz da, in mir selbst gesammelt. Ich löse mich von aller Verkrampfung, öffne mich und setze mich dem aus, was Gott an mir geschehen lassen will.

»Und das Wort ward Fleisch und wohnte unter uns und
wir sahen seine Herrlichkeit.«

Ich lasse diese Zusage gleichsam in mich einsinken und empfange aus ihr eine seelische und körperlich spürbare Kraft, die nicht von mir selber kommt. Ich löse mich aus dieser Betrachtung und wende mich neu meinem Tagewerk zu.

Ehrengard von Kranse

Evangelische Franziskanerbruderschaft der Nachfolge Christi Evangelische Franziskaner-Tertiaren (E.F.T.)

Schw. Doris Elwert, Tiroler Str. 63, 7000 Stuttgart 61,
Tel. (0711) 32 42 81

ca. 50 Mitglieder in der BRD und DDR
Geistlicher Leiter: Pfr. Rudolf Irmler, 8772 Marktheidenfeld
Leitende Schwester: Doris Elwert
1927 von Prof. Dr. D. Friedrich Heiler (gest. 1967) in Marburg gegründet.

Impulse
Ein 1893 von dem Straßburger Kirchenhistoriker Paul Sabatier veröffentlichtes Franziskusbuch löste eine franziskanische Bewegung

im Protestantismus aus, die zunächst zur Gründung einer Bruderschaft in der Hugenottenkirche Frankreichs führte. Ihr Gründer Wilfred Monod, Professor der praktischen Theologie in Paris, gab den Anstoß, innerhalb der hochkirchlichen Bewegung eine franziskanische Bruderschaft ins Leben zu rufen, die in noch engerem Anschluß an die Regel des heiligen Franz und seine kirchliche Frömmigkeit das Ordensprogramm Monods weiterführt.

Geistliches Leben
Franziskanische Spiritualität und das Anliegen der Einheit und Zusammenarbeit der christlichen Kirchen nach dem Willen des Herrn sind prägend. Kraftquelle ist die Feier der heiligen Eucharistie und das regelmäßige Gebet (altkirchliche Stundengebete, ostkirchliches Herzensgebet, freies Gebet). Auch wird Wert gelegt auf tägliche Schriftlesung und Privatbeichte.

Aufgaben und Einrichtungen
Treffen zu biblischen Meditations- und Besinnungstagen im Einkehrhaus des Lehmgrubener Diakonissen-Mutterhauses Breslau (8772 Marktheidenfeld), dessen Leiter Pfr. Irmler ist. Teilnahme an der Jahrestagung der »Hochkirchlichen Vereinigung« zusammen mit der »Hochkirchlichen St. Johannes-Bruderschaft« auf Schloß Schwanberg.
Geschwisterbrief für Mitglieder und Freundeskreis (Aufl. 100).

Franziskanische Frömmigkeit
Die »Evangelische Franziskanerbruderschaft der Nachfolge Christi« – eine der ersten Ordensgemeinschaften innerhalb der evang. Kirche – ist eine kleine Schar, die weit verstreut über die Bundesrepublik Deutschland und die DDR ist. Einzelne Mitglieder haben wir in anderen Ländern, auch in Übersee. Die Brüder und Schwestern nehmen am kirchlichen Leben ihrer Pfarrgemeinde teil und wirken dort nach ihren Möglichkeiten.
Wir stehen auch in engem Kontakt mit den Brüdern und Schwestern der großen Ordensfamilie des hl. Franziskus in der römisch-katholischen Kirche. Zu verschiedenen Veranstaltungen laden wir gegenseitig ein. Das Herzstück des franziskanischen Frömmigkeitslebens ist das Sakrament des Altars. Darum schärft die Tertiarenregel ganz besonders den Glauben an die wahre Gegenwart Christi in der heiligen Eucharistie ein; sie mahnt zur häufigen Feier dieses Mysteriums und zur oftmaligen Teilnahme an der hl. Kommunion. Die Tertiarenregel erfüllt auch einen Lieblingswunsch des Poverello, wenn sie zur liebe-

vollen Aufbewahrung des Sakraments ermahnt, und in seinem Sinn fordert sie auf, die offenen Kirchen aufzusuchen und in ihnen mit seinen Gebetsworten Jesus Christus anzubeten und zu lobpreisen:

»Wir beten Dich an, Herr Jesus Christus,
hier und in allen Deinen Kirchen,
welche in der ganzen Welt sind,
und benedeien Dich,
denn durch Dein heiliges Kreuz
hast Du die Welt erlöst.«

Aus der Regel

Die E.F.T.-Regel stellt an die Spitze das Ideal des hl. Franziskus: »Zu leben nach dem Vorbild des hl. Evangeliums.«

Die Tertiaren suchen die apostolisch-franziskanischen Ideale der Armut, Reinheit und des Gehorsams, der Demut, vollkommenen Freude und allumfassenden Liebe zu verwirklichen, ohne die Welt und den Beruf, in dem sie stehen, zu verlassen.

Sie beten und arbeiten unermüdlich für die Einigung aller christlichen Kirchen im Glauben und in der Liebe, auf daß sich das hohepriesterliche Gebet des HERRN erfülle: daß alle eins seien (Joh. 17,21). Desgleichen beten und arbeiten sie dafür, daß die verloren gegangenen Glaubenswahrheiten, Überlieferungen und Sitten der altchristlichen Zeit in den Kirchen der Reformation wieder hergestellt werden, aber ebenso, daß die ganze Kirche Christi durchdrungen werde von dem reinen Evangelium der gratia sola und so befreit werde von allen Mißbräuchen und Entartungen.

Die Glieder der Bruderschaft betrachten alle in dieser Regel vorgeschriebenen oder empfohlenen Übungen als Hilfe zu einer reineren Erfahrung der göttlichen Gnade und zu einem vollkommeneren Dienst an den Brüdern. Sie halten sich stets das Wort des Heilands vor Augen: »Wir sind unnütze Knechte, wir haben getan, was wir zu tun schuldig waren« (Luk. 17,10).

Kurze Gebete

»Herr Jesus Christus,
lehre uns beten, wie Du gebetet hast,
daß alle eins seien.«

»Herr Jesus Christus,
gib, daß wir Dir nachfolgen,
wie Dir Dein Diener Franziskus nachgefolgt ist.«

»HERR mache uns zu einem Werkzeug Deines Friedens.«

»Herr Jesus Christus,
wecke und entzünde in uns die Liebe
zu dem wunderbaren Sakrament des Altars,
in dem Du Deiner Kirche allezeit gegenwärtig bist.«

»HERR, gib allen Dahingeschiedenen die ewige Ruhe,
und das ewige Licht leuchte ihnen.
HERR, laß sie ruhen in Frieden.«

Evangelische Michaelsbruderschaft (EMB)

Kloster Kirchberg, 7247 Sulz am Neckar, Tel. (07454) 80 86

Bruderschaft von Männern
600 Michaelsbrüder in den deutschsprachigen Ländern, in Frankreich und den Niederlanden, gegliedert in 22 Konvente
Leitung: Rat und Kapitel
Ältester: KR. Pfr. Dr. R. Mumm, Grafing bei München
1931 in Marburg gestiftet durch Dr. Carl Happich, Prof. D. Dr. Wilhelm Stählin u.a. (Ältester: KR D. Dr. Karl B. Ritter).
1933 Jungbruderschaft St. Michael, ein Zweig innerhalb der EMB.

Impulse
Aus der Jugendbewegung heraus entstand in den 20er Jahren eine Erneuerungsbewegung, der es vor allem um Vertiefung des geistlichen Lebens und um eine liturgische Neuordnung des Gottesdienstes ging, aber auch um Verantwortung für die Welt. 1923-1928 fanden auf dem Gut Berneuchen (Mark Brandenburg) Konferenzen statt, aus denen die Michaelsbruderschaft als eine Bruderschaft von Männern hervorging. – Daneben bildete sich der »Berneuchener Dienst«, 1931 als »Berneuchener Kreis« gegründet, der auch für Frauen offen ist (heute 700 Mitglieder).

Geistliches Leben
Grundlagen: Stiftungsurkunde (1931), Regel (1937).
Im Zentrum steht der Gottesdienst als liturgisch geordnete Feier und die Eucharistie. Stille und Meditation wurden von Anfang an geübt. Die Gemeinschaft der zerstreut lebenden Brüder verwirklicht sich im Tagzeitengebet, in Bibellese und Brudergebet, in Einkehrtagen, geistlichen Wochen und bei Michaelsfesten. Jedem Bruder ist ein »Helfer« zugeordnet für Rat und Beistand. Empfehlung und Praxis der Einzelbeichte. Tage gemeinsamen Lebens. Fastenzeiten.

Aufgaben und Einrichtungen
Die Michaelsbrüder sehen ihre Aufgabe in der Erneuerung der Kirche durch die Bezeugung Christi in Verkündigung, Gebet, Sakrament und Liebeswerk. Leitworte sind: Leiturgia (Dienst vor Gott), Martyria (Zeugnis vor der Welt), Diakonia (Dienst am Menschen), Koinonia (brüderliche Gemeinschaft).
Einsatz für die Einheit der Kirche in ökumenischer und internationaler Weite. Kontakte zu anderen Gemeinschaften. Enge Zusammenarbeit mit dem »Berneuchener Dienst«.
Arbeitsgebiete: Theologischer Arbeitskreis, Liturgischer Arbeitskreis, Ökumenischer Arbeitskreis, Arbeitskreis für Seelsorge, Arbeitskreis für geistliche Übungen, Arbeitskreis für Gegenwartsfragen. Die Michaelsbruderschaft hat mit der Gestaltung ihrer Gottesdienste und Eucharistiefeiern die liturgische Entwicklung der evangelischen Kirche mitbestimmt. Die Ordnung der Tagzeitengebete hat vor allem im bruderschaftlichen und kommunitären Bereich weitergewirkt.
»Berneuchener Haus Kloster Kirchberg« – Einkehr- und Begegnungsstätte (zusammen mit dem »Berneuchener Dienst«):
Einkehrtage und Geistliche Wochen mit Tagzeitengebet (viermal täglich), Eucharistiefeiern, Stille, geistlichen Vorträgen und biblischer Besinnung. (Veranstaltungen gleicher Art finden auch in den Konventsbereichen statt.)
»Johannes-Stauda-Verlag« in Kassel (zusammen mit dem »Berneuchener Dienst«).
Zeitschrift: »Quatember« (viermal jährlich).
Schriftenreihe »Kirche zwischen Planen und Hoffen«.
Evangelisches Tagzeitenbuch.
Die Regel des geistlichen Lebens.

An der Kirche bauen

1. Wir stehen in der gleichen Not.
Wir glauben daran, daß in dieser Not der Kirche Jesu Christi die Verheißung geschenkt ist.
Wir glauben daran, daß den Kirchen der Reformation ein Beruf verliehen ist an der ganzen Christenheit.
Wir glauben daran, daß alle Einzelkirchen Glieder sind der einen Kirche Christi und ihren Beruf im gegenseitigen Empfangen und Dienen erfüllen.
Durch diesen Glauben gewinnen wir die Freudigkeit, für den Beruf unserer Kirche unser Leben einzusetzen.

Durch diesen Glauben sind wir in aller Mannigfaltigkeit unserer persönlichen Schicksale zu gemeinsamem Dienst und Kampf verbunden.
Wir kämpfen darum, daß die Kirche in allen Bereichen des Lebens den Auftrag erfülle, der ihr im Evangelium gegeben ist.

2. Wir können an der Kirche nur bauen, wenn wir selber Kirche sind.
Kirche ist da, wo uns Gottes Geist beruft, sammelt, erleuchtet und heiligt.
Kirche ist da, wo wir einander als Sünder tragen.
Kirche ist da, wo die Liebe uns treibt, dem Nächsten zu dienen.
Die Kirche ist der Leib Christi, durch den Christus sein Werk in der Welt tut.
In allem, worin die Kirche erscheint, es sei ihre Verkündigung, ihr Gebet und Sakrament, ihr Liebeswerk oder ihre Verfassung, will Christus bezeugt werden.
In einer Stunde, da die Kirche sich selbst an den Anspruch der Welt zu verlieren droht, kann die Kirche das Wort der Entscheidung, das sie der Welt schuldet, nur sprechen, wenn sie den priesterlichen Dienst des Gebets erfüllt...

8. Die Brüder helfen einander in allen Nöten des Leibes und der Seele nach bestem Vermögen. Ihr Dienst gilt allen, die ihrer Hilfe bedürfen.
Sie tun in Gebet, Wort und Tat alles, um den Frieden zwischen Ständen und Völkern zu fördern, Haß und Ungerechtigkeit in der Kraft der Liebe Christi zu überwinden.

Aus der Urkunde der Evangelischen Michaelsbruderschaft (1931)

Aus dem Mittagsgebet am Donnerstag

Herr, wir danken Dir für die Macht Deiner Offenbarung.
Du sammelst Dein Volk aus aller Welt Enden,
Du kommst zu allen Zeiten und bist König und Herr,
Du brichst allen Widerstand und baust Deine Kirche.
Herr, wir bitten Dich:
Laß die ganze Christenheit vereinigt werden.
Bringe zusammen, die Du gerufen und Dir erwählt hast.
Zerbrich die Mauern, die uns trennen,
und wehre allen, die Unfrieden stiften.
Herr, wir bitten Dich:
Es komme der Tag, da eine Herde und ein Hirte ist.

Du gehst durch die Zeiten,
und Dein Ratschluß ist wunderbar.
Du tust Wunder
und richtest alles zu Deinen Zielen aus. Evangelisches Tagzeitenbuch

Evangelische Schwesternschaft Ordo Pacis

Ruth Schwinge, Auf dem Winkel 11, 5860 Iserlohn,
Tel. (02371) 6 39 63

45 Schwestern: alleinstehend, verheiratet oder kommunitär lebend
Leitende Schwester: Ruth Schwinge
Kommunität: Cella St. Hildegard (6 Schwestern)
An den Ziegelteichen 5, 2105 Seevetal 2 (Fleestedt)
Tel. (04105) 4 04 53
1953 wurde die Schwesternschaft gegründet, 1956 entstand die Kommunität.

Impulse
Die ersten Schwestern waren lange auf der Suche nach einer Gemeinschaft, in der Frauen in den verschiedenen Lebensformen, verheiratet, kommunitär lebend und alleinstehend, eine völlige Verfügbarkeit für Gott leben können. Sie waren zumeist von der Berneuchener Bewegung geprägt. Neue Anstöße kamen aus der Spiritualität anderer Konfessionen und Gemeinschaften, vor allem von den Schwestern von Grandchamp und den »Sisters of the Love of God« (anglikanische kontemplative Gemeinschaft).

Geistliches Leben
Alle Schwestern stehen unter derselben Berufung, im Gebet zu leben, den österlichen Frieden Christi im Gebet zu empfangen und ihn in diese friedlose Welt hinein weiterzugeben – jede in ihre Situation in Familie, Beruf, Gemeinde und Alltag.
In der Regel der Schwesternschaft sind die sog. »Evangelischen Räte« so entfaltet, wie sie als »geistliche Grundhaltungen« von jedem Christen gelebt werden können: Reinheit als völliges Offensein vor Gott, Armut als willige Abhängigkeit von Gott, Gehorsam als uneingeschränkte Freiheit für Gott.
Der Tagesrhythmus der Kommunität ist bestimmt von Zeiten der Stille, von sechs gemeinsamen Gebetszeiten, von der täglichen Feier der Eucharistie.

Aufgaben und Einrichtungen
Die Schwestern leben räumlich weit getrennt und haben als Gemeinschaft keine praktische Aufgabe.
Das Haus der Schwesternschaft in Fleestedt bei Hamburg ist Wohnsitz der Kommunität und offen für Gäste. Die Gäste sind eingeladen zur Teilnahme am Leben der Schwestern und auch zu Tagen des Schweigens und des Gebets (Retraiten).

EINHEIT IN DER VIELFALT DER BERUFUNGEN
Wir sind gerufen, als eine Gemeinschaft im Gebet zu leben und dem Frieden Christi Raum zu schaffen, indem wir uns mit allem, was wir sind und haben, Gott völlig zur Verfügung stellen. Unsere Gemeinschaft ist jedoch keine gleichartige Gruppe, sondern wir müssen unserer gemeinsamen Berufung gehorsam sein als Schwestern, die Gott als einzelne auf sehr verschiedene Wege gerufen hat: zum Leben in der Ehe, zu einem Leben allein oder zum gemeinsamen Leben in einer Kommunität. Und auch innerhalb dieser Gruppen gibt es noch eine bunte Vielfalt von Lebenssituationen, Aufgaben und Anschauungen, die manchmal fast die Einheit zu sprengen scheinen. Und doch: wir sind *eine* Gemeinschaft und stehen miteinander unter derselben Berufung. Wir alle bejahen in der Einsegnung die gleichen Fragen, für uns alle gilt diese Regel, wir alle tragen das Schwesternkreuz.
Diese ungeheure Spannung von Gemeinsamkeit und Verschiedenheit können wir nur leben, wenn wir darin die von Gott selbst uns gegebene alles umgreifende Einheit entdecken. Es ist immer Sein Ruf – in die Gemeinschaft hinein und in unsere persönliche Lebensform hinein. Deshalb können wir miteinander unserer gemeinsamen Berufung nur einmütig nachkommen, wenn jede davon überzeugt ist, auch zu ihrer persönlichen Lebensform von Gott berufen zu sein. Das eine bedingt das andere...
Berufung ist ein Geschehen, das unser ganzes Leben umfaßt und durchdringt und sich mehr und mehr verdichtet und ausprägt in eine sehr bestimmte, unverwechselbare Beziehung zu Gott, so wie Er sie mit Seinem Ruf gesetzt hat. Unsere Antwort, unsere Einwilligung in Seine Berufung ist stets ein Tun des Glaubens, der Liebe und der Hoffnung, das der Heilige Geist in uns wirkt. Solche Antwort wird immer wieder hinführen zum »gratiam referre«, indem wir in großer Freiheit und Freude alles, was Er gab und gibt, zurückbringen zu Gott, um immer abhängiger allein von Ihm zu werden. Seine Berufung und unsere willige Antwort, Sein Geben und unser Empfangen und Zurückbringen werden so allmählich zu einem ständigen Hin

und Her, gesteuert von der Liebe und Treue Gottes und bis ins Tiefste aufgenommen von uns, die Er rief. Dann geht es nicht mehr um diese Berufung oder jene, dann gibt es kein »besser« oder »minderwertig« mehr, kein »leichter« oder »schwerer«, dann sind wir als von Gott Berufene zu allem bereit, was auch immer Er will, »auf daß Gott sei alles in allem«.
Diese völlige Abhängigkeit von Gott gilt für die persönliche Berufung jeder Schwester, aber ebenso auch für die Berufung, die wir gemeinsam zu leben haben. In der Vielfalt unserer Berufungen und in diesem doppelten Berufensein kommt es nun für uns darauf an, die Einheit in Christus zu leben. Vor Gott sind wir alle gleich, wozu auch immer wir berufen sind; für jeden Menschen ist es immer möglich, ein Leben völliger Hingabe zu leben. Denn letztlich gibt es nur eine Hingabe, lediglich die Art des Vollzuges ist verschieden. Dabei sind die Berufungen in den Lebenskreisen der Schwestern einander komplementär zugeordnet: sie ergänzen sich gegenseitig, sie sind nicht austauschbar, sie brauchen einander, und erst alle zusammen ergeben das Ganze. . .

Aus der Regel der Schwestern von Ordo Pacis

Der Frieden Christi für die Welt

Wir können uns dem Frieden Christi nur im Gebet öffnen, diese Gabe nur betend empfangen. Ein Leben im Gebet ist Voraussetzung dafür, unsern Auftrag zu verwirklichen, ein Leben also, das Gott ganz zugewandt ist, Ihm allen Raum gibt, Ihm sich als Werkzeug zur Verfügung stellt. Entscheidend für unser Gebet ist es, daß wir selbst zu dieser friedlosen Welt gehören und mit ihr ganz auf die Versöhnung durch Christus angewiesen sind. Aber was wir für uns selbst empfangen, empfangen wir immer auch für das Ganze. Denn es besteht ein geheimnisvoller Zusammenhang zwischen uns und dem Ganzen: Was Gott an uns, die wir zur Welt gehören, geschehen läßt, das öffnet die Verschlossenheit der andern mit, das ist ein Geschehen, das alle betrifft – auch wenn sie es gar nicht wissen oder merken. Öffnen wir also unsere Gemeinschaft und unser kleines Leben wirklich dem österlichen Frieden Christi, setzen wir uns im Gebet Seiner Versöhnung aus bis in die Tiefe, geben wir in Seine Versöhnung alles hinein, was unter uns geschieht und offenbar wird, und alles, was die einzelne in unsere Gemeinschaft hineinbringt, lassen wir den Auferstandenen wirken in unseren Alltagssituationen und glauben wir, ohne uns von unserer Ohnmacht einschüchtern zu lassen, beharrlich an Seine Kraft, die überall für alle das Heil will und erwirkt hat – dann tun wir Entscheidendes für den Frieden der gesamten Schöpfung. Dann bereiten wir dem Frieden und der Versöhnung der ganzen Welt den Weg durch uns hindurch. Dann ist wirklich Heil und Friede da mitten unter uns – für alle. »Der Friede Gottes ist mit uns, Sein Friede ist auf Erden.«

Aus der Regel der Schwestern von Ordo Pacis

GEBET AM MITTAG

Herr Jesus Christus,
Du richtest Dein Reich auf mitten in unserer Welt.
Du bist der Friede, der die Welt überwindet.
Wir bitten Dich:
Schaffe Dir Raum in uns und durch uns.

Evangelisch-Lutherische Gebetsbruderschaft

Kontaktadresse: Herwig Herr, Haidstraße 3, 8150 Holzkirchen, Tel. (08024) 7452

Bruderschaft für Männer und Frauen
43 Glieder, 66 Freunde
Leitung: Pfr. Herwig Herr, Konvent Bayern
Pfr. Friedrich Jacob, Konvent DDR
1956-1960 Konstituierung der Konvente der Evang.-Luth. Gebetsbruderschaft.

Impulse
In der Ausrichtung auf das geistliche Erbe Wilhelm Löhes entstanden in den 50er Jahren verschiedene Kreise mit bewußt konfessionell-lutherischer Prägung: in Braunschweig um Pastor Max Witte (Brüdernkirche St. Ulrici), in Westdeutschland und Bayern um Prof. Dr. Wittenberg, und in der DDR (Singwochen, Pflege der Gregorianik). Aus diesen Kreisen entstanden vier Konvente der Evang.-Luth. Gebetsbruderschaft.

Geistliches Leben
Die Gebetsbruderschaft möchte eine geistliche Gemeinschaft sein, die im ständigen und anhaltenden Gebet für Kirche und Gemeinden ihre oberste Aufgabe sieht. Die tägliche Fürbitte füreinander bildet das innere Bindeglied ihrer Glieder.
Die regionalen Konvente treffen sich alljährlich für drei Tage zu Bibelarbeit und Referaten mit Stundengebet und täglicher Messe.

Aufgaben
Die Glieder der Bruderschaft sehen es als Aufgabe an, in ihren Gemeinden das lutherische Bekenntnis in der Praxis des Lebens wirksam werden zu lassen: lebendige Abendmahlsfrömmigkeit, Stundengebet, Neubelebung der Einzelbeichte.
Männer und Frauen, die der Bruderschaft nahestehen, können sich ihr als Freunde zuordnen.

Dem lutherischen Bekenntnis verpflichtet

Die Jahre nach dem Ende des Zweiten Weltkriegs brachten in der evangelischen Christenheit einen bemerkenswerten Aufbruch des »kommunitären« Gedankens. »Gottes Volk als Bruderschaft« – dieser Gedanke bewegte alle wachen Herzen. Bruder- und Schwesternschaften schossen wie Pilze aus dem Boden.
Sollte diese »kommunitäre Bewegung« am bekenntnisbewußten und bekenntnistreuen Luthertum vorübergehen? Sie tat es nicht. Eine »ganz normale« Kirchengemeinde wurde Ursprungsort einer bewußt konfessionell-lutherischen Bruderschaft: die evangelisch-lutherische Kirchengemeinde »St. Ulrici zu den Brüdern« im Herzen der vom Luftkrieg so grausam verwüsteten Braunschweiger Altstadt unter ihrem Pastor Max Witte. Was sich hier im geistlichen Leben auf allen Gebieten – Bekenntnis, Liturgie, Gemeinschaft, Volksmission – kundtat, ließ viele im übrigen Deutschland mit Sehnsucht dorthin blicken. Aus einem sich allmählich bildenden Freundeskreis dieser so bemerkenswerten Gemeinde bildete sich Mitte der fünfziger Jahre die »Evangelisch-Lutherische Gebetsbruderschaft«.
Auch einige Bayern zählten zu diesem Freundeskreis. Für sie war ein Punkt von besonderem Gewicht. Denn von wem hatte Max Witte in Braunschweig das alles gelernt, was er nun in seiner Gemeinde in die Praxis umsetzte? Von niemand anderem als von unserem fränkischen »Kirchenvater« Wilhelm Löhe. Dessen Werke hatte Max Witte studiert von A bis Z. Und da war es freilich doch bedrückend, daß Löhes Gedanken in Braunschweig weitaus besser verwirklicht wurden als irgendwo in Bayern.
Ende der fünfziger Jahre ging man daran, aus den bayerischen Gliedern der Gebetsbruderschaft einen eigenen »Konvent« zu bilden. Er konstituierte sich zu Pfingsten 1959 auf einer Tagung in Hirschaid bei Bamberg. Pfarrer der Landeskirche und Studenten der Augustana-Hochschule Neuendettelsau waren die ersten, dazu ein paar engagierte Laien. Professor Martin Wittenberg übernahm die Leitung. Jahr für Jahr traf man sich fortan an Pfingsten zu ein paar Tagen gemeinsamen Lebens.

Die Gebetsbruderschaft möchte getreu ihrem Namen eine geistliche Gemeinschaft sein, die im ständigen und anhaltenden Gebet für Kirche und Gemeinden ihre oberste Aufgabe sieht. Weiter sehen es die Glieder der Bruderschaft als ihre Aufgabe an, in ihren Gemeinden das lutherische Bekenntnis in der Praxis des Lebens wirksam werden zu lassen. Das Sakrament des Altares soll so oft wie nur möglich gefeiert werden und die Gemeinden zu einer lebendigen Abendmahlsfrömmigkeit angeleitet werden. Auch in das Stundengebet sollen die Gemeinden eingeführt werden. Ebenfalls soll die Einzelbeichte wieder belebt werden. Kurz: der rechten lutherischen Lehre soll rechtes lutherisches Leben entsprechen!

Die unbedingte Verpflichtung der Gebetsbruderschaft auf das lutherische Bekenntnis brachte es freilich mit sich, daß sie sich dem fortschreitenden Prozeß der Ablösung und Einebnung des lutherischen Bekenntnisstandes der bayerischen Landeskirche mit aller Kraft widersetzen mußte. Sie wird dies mit Gottes Hilfe auch in Zukunft tun. In diesem Sinne arbeitet die Gebetsbruderschaft brüderlich mit allen Kreisen und Gruppen zusammen, die den gleichen Kampf kämpfen. Aus diesem Grunde hält sie auch engen Kontakt zum freikirchlichen Luthertum.

Wir wollen festhalten, was Wilhelm Löhe in seinen »Drei Büchern von der Kirche« sagt:

»Die Kirche bleibt, was sie ist, auch ohne Liturgie. Sie bleibt Königin auch im Bettlergewande. Es ist besser, daß alles dahinfalle und nur die reine Lehre ungefährdet bleibe, als daß man im Schmuck und in der Zier herrlicher Gottesdienste wandele, denen Licht und Leben mangelt, weil die Lehre unrein geworden ist.«

Dies Wort will sich der bayerische Konvent der Evangelisch-Lutherischen Gebetsbruderschaft auch weiterhin als Richtschnur dienen lassen.

Herwig Herr, Hermann Blos

ZUM TÄGLICHEN GEBET

O Herr, barmherziger Vater unseres Herrn Jesu Christi, der Du vormals Deinem Volke bist gnädig gewesen, sei auch in unsern Tagen gnädig den Deinen!

Erneuere die heilige Kirche durch lautere Predigt Deines Wortes, durch rechten, fleißigen Gebrauch Deiner wundersamen Sakramente, durch die tröstliche Kraft Deiner Absolution!

Erleuchte alle Deine Diener und Boten, daß sie als getreue Haushalter Deiner Geheimnisse vor Dir stehen und wirken in Zucht und Furcht und ihr Amt unter Deinem Segen verwalten; bewahre sie unter den Angriffen des Feindes, richte sie auf durch die Vergebung ih-

rer Sünden und durch die selige Hoffnung der Vollendung, die Du schaffen wirst; erfülle sie mit der Glut des ernstlichen Opfers und der völligen Liebe zu Dir und den Deinen!
Berufe Dir aus der Schar Deiner Gläubigen viele Arbeiter zum Werk Deiner Ernte; gib ihnen Vorbilder, Helfer und Lehrer, sie im rechten Glauben zu unterweisen und zu fördern!
Mehre unter uns die Einigkeit im Heiligen Geiste und die Gemeinschaft des Glaubens und Bekennens; tilge aus den Herzen aller, die Deinen Namen anrufen, allen Irrtum, alle Verführung, allen verkehrten Willen, allen Eigensinn; nimm weg bei allen, die Dein Brot essen und Deinen Kelch trinken, was uns hindert, eins zu sein in Deiner Wahrheit!
Reinige, läutere, stärke uns; gib uns Maß und Geduld, Bescheidenheit und Weisheit; gib uns Mut und tapfere Treue; gib immer aufs neue Buße zum Leben!
Deiner Gnade befehle ich alle Väter in Christo, Brüder und Schwestern, die Du mir vor anderen im Geiste verbunden hast:
(hier nenne die Namen)
Behüte sie an Seele, Geist und Leib mitsamt den Ihren und allen ihnen Anvertrauten; segne sie aus der Fülle Deiner Gaben; laß sie Frucht schaffen zum ewigen Leben!
Deiner Gnade und Hilfe befehle ich alle, die um mein ewiges Heil sich gemüht haben und mühen, zumal meine(n) Seelsorger:
(hier nenne die Namen)
Du wollest ihr Werk an meinem Herzen vollführen und ihnen erstatten und vergelten, was ich ihnen nicht zu vergelten vermag!
Laß auch mich, HERR, treu erfunden werden vor Dir und Dir dienen in der Demut, darinnen Dein eingeborener Sohn mein Bruder geworden ist; und laß mich das Kreuz, das Du mir bestimmt hast, nicht zurückweisen, sondern gehorsam tragen, wie Er Sein Kreuz trug zur Erlösung der Welt und zur Heiligung der Deinen!
Ordne, Herr, alle unsere Tage und Werke in Deinem Frieden!
Amen. (Nach Wilhelm Löhe)

Evangelisch-Lutherischer Humiliaten-Orden

Pastor Bruno-H. Vahl, Verbrüderungsring 41, 2057 Schwarzenbek, Tel. (04151) 4455

Ordensgemeinschaft mit 6 Brüdern
Freundeskreis von etwa 30 Personen
Prior: Pastor i.R. Friedrich Wilhelm Sußdorf

1921 entstanden: Umwandlung des »Löhebundes« in den »Hochkirchenorden« durch Pfarrer Jörg Sauer. 1925 Umbenennung in »Evangelischer Humiliaten-Orden«, 1964 »Evangelisch-Lutherischer Humiliaten-Orden«.

Impulse
Der Hochkirchenorden fand seinen Platz im Rahmen der Hochkirchlichen Bewegung, mit der ihn das Bemühen um Erneuerung des Glaubens- und Gottesdienstlebens verband.
Der Name »Humiliaten-Orden« (von humilitas = Niedrigkeit) bringt zum Ausdruck, daß sich das Leben der Mitglieder und ihre Arbeit in demütiger Hingabe und echter Unterordnung unter Christus und die von ihm gesetzten Ordnungen vollziehen soll.

Geistliches Leben
Eine Regel wurde 1926/27 ausgearbeitet. Nach benediktinischem Vorbild fand das liturgisch-sakramentale Anliegen und das altkirchliche Stundengebet eine besondere Pflege. Das tägliche Leben soll durch dreimalige Andachtsübung geheiligt werden (Brevier als Anleitung); dazu kommt die tägliche Gewissenserforschung, die zur Einzelbeichte führt. Für den sonntäglichen Gottesdienst wünscht man sich die Einheit von Liturgie und Sakrament (Evangelische Messe). Ein besonderes Anliegen ist die Einheit der Kirche. Man setzt sich für die Apostolische Sukzession ein.

Aufgaben und Einrichtungen
Gästehaus in Hamburg: Angebot von Rüstzeiten.

DER DIENST DER »GERINGEN«
Seit 1962 leben drei Brüder in Hamburg, jeder in seiner Umgebung und doch verbunden durch regelmäßiges Beten und durch die mit den Ordensfreunden gefeierten eucharistischen Gottesdienste. Unvergessen ist die brüderliche Aufnahme durch Bischof D. Witte und die Kirche in Hamburg, die zur Feier der Gottesdienste in der Kirche der Alsterdorfer Anstalten führte.
1972 konnte unsere Kapelle St. Elia geweiht werden, die in Form und Größe mehr unserer kleinen Zahl entsprach. Seit 1980 steht ein Haus mit Kapelle und Gästezimmern zur Verfügung. Rüstzeiten helfen uns bei unserer gemeinsamen Berufung, sie erstrecken sich meist über drei Tage, Freitag bis Sonntag.
Wo unsere Brüder und Freunde auch stehen – immer versuchen sie, von ihrer gemeinsamen Mitte her ihre Mitarbeit einzurichten. Daß

unser Engagement auf die Einheit der Kirche und die Einigkeit der Christen ohne Zugeständnisse an den Zeitgeist gerichtet ist, verdanken wir letztlich dem priesterlichen Menschen Wilhelm Löhe, dessen »Katechismus für apostolisches Leben« uns wegweisend ist. Seine Erfahrungen teilen wir: Man kann nicht auf allgemeine Zustimmung rechnen, wenn das Werk Gottes von uns »Geringen« ausgerichtet werden soll.
Jedem Fragenden gilt unsere Einladung: Komm und sieh!

Bruno-Hermann Vahl

Freudenstädter Kreis

Dekan Theo Schlatter, Pfarrgasse 3, 7122 Besigheim,
Tel. (07143) 30 11

Bruderschaft von Pfarrern
ca. 200 Pfarrer und Pfarrfrauen
1927 in Freudenstadt begonnen. Mitarbeit in der Bekennenden Kirche.
Nach 1945 neue Aufgaben in der Kirche.

Impulse
Junge Theologen, die in Tübingen in verbindlicher Gemeinschaft unter dem Wort gelebt hatten, suchten als Vikare nach brüderlichem Kontakt und theologischem Austausch. Eine Begegnung mit der »Sydower Bruderschaft« gab den Anstoß zur Entstehung des »Freudenstädter Kreises«.

Geistliches Leben
Der Kreis will Anregung und Hilfe zu theologischer Arbeit und kirchlicher Praxis geben. Das Hören des biblischen Wortes und seine Übersetzung in die Gegenwart, die Arbeit an aktuellen Fragen und die regelmäßige Fürbitte sind für den Kreis wesentlich.

Aufgaben
Jährliche Tagung in der Pfingstwoche. Regionale Treffen.

Bedeutung des Kreises in der Vergangenheit und Gegenwart
Viele Pfarrer haben in den Auseinandersetzungen des Dritten Reiches im Freudenstädter Kreis biblische Wegweisung, Klärung wichtiger theologischer Fragen und geistliche Mitte gefunden. Die Evang. Bekenntnisgemeinschaft, ein verantwortlicher Kreis der Bekennen-

den Kirche in Württemberg, wurde in starkem Maß von Gliedern des Freudenstädter Kreises getragen und durch Jahrzehnte geleitet. Heute ist es in diesem Pfarrerskreis möglich, verschieden geprägte Menschen über theologische und kirchenpolitische Unterschiede hinweg zusammenzuführen zu offenem Gespräch und zu brüderlicher Gemeinschaft. Wissenschaftliche Arbeit an biblischen Texten und gründliches Nachdenken über aktuelle Probleme sind bei der Jahrestagung und den »Sprengeltreffen«, zu denen auch die Ehepartner gerne kommen, wesentlich. Ein wichtiges Band für die Bruderschaft sind persönliche Besuche und die regelmäßige Fürbitte, zu der sich die Glieder des Kreises verpflichtet wissen.

Heliand-Bruderschaft

Pfr. Dr. Karl Heinz Hahn, Am Herrenhof 42, 6000 Frankfurt/M. 50, Tel. (069) 54 43 85

Leitender Ältester: Pfr. Dr. Karl Heinz Hahn (für 7 Jahre gewählt)
Seit 1923 erste Anregungen zu bruderschaftlichem Leben im Schüler-Bibelkreis (BK) Frankfurt durch Paul Both.
1938 offizielle Namensgebung: »Heliand-Bruderschaft«.

Impulse
Die Heliand-Bruderschaft entstand innerhalb eines freien Werkes evangelischer Jugendarbeit, seit 1971 »Evangelisches Jugendwerk Frankfurt am Main«. Geistlicher Wurzelboden war die Erweckungsbewegung (Elias Schrenk). Mit der Suche nach verbindlichen Lebensformen nahm man Anregungen aus der deutschen Jugendbewegung auf.

Geistliches Leben
Die Heliand-Bruderschaft ist der Versuch, als Glaubens- und Tatgemeinschaft eine verbindliche Lebensform zu gestalten, ohne sich aus den herkömmlichen Bindungen (Ehe, Familie, Besitz) zu lösen. Die Zugehörigkeit gilt für die ganze Lebenszeit. Die Verpflichtung, mit allen Kräften für die Belange der Evangelischen Jugendarbeit einzutreten, ist obligatorisch.
Die Mitglieder treffen sich jährlich zweimal zum Konvent. Außerdem findet eine 2- bis 4tägige Meditationstagung statt. Jährlich zwei »Tage der Stille«. Monatlich treffen sich die Brüder und Schwestern in Kleinkreisen zu Bibelarbeit, Austausch und Gebet.
Eine »Lebensordnung« soll Hilfe sein zur Gestaltung des Lebens in der Nachfolge Jesu.

Aufgaben und Einrichtungen
Die Mitglieder wollen sich lebenslang für die Kirche und die Evangelischen Jugendwerke der Kirche einsetzen. Meditationstagungen, Konvente und Kleinkreise sind auch offen für Gäste.

Impulse aus der Jugendbewegung

Eine Frucht der deutschen Jugendbewegung, insbesondere ihrer bündischen Phase, also der Zeit etwa von 1920 bis 1933, ist die Suche nach verbindlichen Lebensformen. Der Idealismus der frühen Phase, die vor allem im Zeichen des Wandervogels und der Freideutschen Jugend stand, war zwar nicht überwunden, aber die individualistische Grundhaltung (»eigene Bestimmung, eigene Verantwortung«) wich einem Wir-Bewußtsein, das in dem Begriff »Bund« seinen entsprechenden Ausdruck fand. Das Verbundensein in einer gemeinsamen Aufgabe (Volk, Vaterland, soziale Not) suchte noch nach der letzten Verantwortung.
In diesem Zusammenhang sahen sich die jungen Christen, die geistig und kulturkritisch von der Jugendbewegung mitgeformt waren, vor die Aufgabe gestellt, eine »Erneuerungszelle innerhalb der Kirche« zu werden. So überrascht es nicht, daß Paul Both 1923 folgende Linien herausarbeitete: »a) Gemeinschaft – Bruderschaft (Gebetsgemeinschaft) – Innere Stärke – Gral! b) Betätigung, dort, wo man hingestellt wird (Tatgemeinschaft)«
In seinem Konzept findet sich der Begriff »Bruderschaft« noch zweimal; er steht dort immer in Verbindung mit »Gemeinschaft«. Both vermerkt dabei: »Jugendbewegung ist Kulturbewegung, der Drang nach Form schlechthin.«
Er sieht also in dem kulturkritischen und neue Formen suchenden Impuls der Jugendbewegung eine Chance: eine bruderschaftliche Gemeinschaft, die sich aber nicht in ihren religiösen Formen selbst genug ist, sondern zur Dienst- und Tatgemeinschaft wird.
Formfragen sind ihm niemals nur sekundär gewesen, sondern immer Ausdruck einer inneren Einstellung und Haltung. Darum ist der »Drang nach Form«, das »Ringen um die Form« immer die Suche nach der größtmöglichen Verwirklichung.
Marginal fügt Both seinem Konzept an: »Jeder Kampf um Freiheit (ist ein) Kampf um gerechte Bindung.«
Es ist also in diesem Zusammenhang kein Zufall, wenn Paul Both bereits 1923 von der Bruderschaft sprach, ca. 15 Jahre bevor Bruderschaft institutionell im Werk entstand.
Der Gedanke lag nicht in der Luft, aber er war angelegt in dem Weg

mancher christlichen Jugendbünde und der Zeitlage nach dem 1. Weltkrieg.

Aus: K. H. Hahn, Vom Jugendbund zum Jugendwerk der Kirche – Eine Untersuchung des Führungsbegriffes, wie er bei dem Frankfurter Lehrer und Jugendführer Paul Both in den Jahren 1920 bis 1966 zur Auswirkung kam, Frankfurt/M. 1981

Hochkirchliche St. Johannes-Bruderschaft

Pastor i.R. Heinz Nerger, Heideweg 3, 2115 Egestorf, Tel. (04175) 16 48

ca. 50 Mitglieder in der BRD, in den Niederlanden, Schweiz und Österreich; dazu 50 Mitglieder in der DDR
Apostolischer Vorsteher: Pastor i.R. Heinz Nerger
1929 gegründet von Prof. Friedrich Heiler als »Evangelisch-Katholische Eucharistische Gemeinschaft«. Nach Verbot im Dritten Reich 1945 als »Evangelisch-ökumenische St. Johannes-Bruderschaft« wieder in Erscheinung getreten, später umbenannt in »Hochkirchliche St. Johannes-Bruderschaft«.

Impulse
Hervorgegangen aus der »Hochkirchlichen Vereinigung«. Die Bruderschaft entstand mit der Zielsetzung, landeskirchlichen und konfessionalistischen Provinzialismus zu überwinden, zum unverkürzten Evangelium und Glauben der gesamten Christenheit zurückzukehren, das Altarsakrament als Höhepunkt des Gottesdienstes wiederzugewinnen und aus Wort und Sakrament zur Koinonia zu gelangen. Die apostolische Sukzession als Bekenntnis zu dem »ganzen Christus der ganzen Kirche« soll der Bewahrung von Amt und Charisma im urchristlichen Sinn dienen.
Mit der Wahl des Evangelisten Johannes, des Apostels der Liebe, zu ihrem Patron bekennt sich die Bruderschaft zugleich zur Einheit der Kirche, wie sie im Hohepriesterlichen Gebet Jesu (Johannes 17) zum Ausdruck kommt, und versteht sich von daher als eine in die Ökumene berufene Bruderschaft.

Geistliches Leben
Quelle der Bruderschaft soll das Erlösungswerk Jesu Christi und seine Vergegenwärtigung sein. Sie will die von Christus gestiftete Einheit leiblich erfahren und der konfessionalistisch einschränkenden bzw. eingrenzenden Abendmahlspraxis widersprechen.

Aufgaben
Durch Gebet und Tat wirkt die Bruderschaft für die sakramentale Erneuerung der evangelischen Kirchen und die Wiederherstellung der Einheit der Christenheit.

LEBEN IN DER BRUDERSCHAFT
Die Bruderschaft in der Bundesrepublik trifft sich zu Konventen mit theologischer Arbeit, täglichen Stundengebeten und Eucharistiefeiern. Sie pflegt den Gebrauch der Gebetstexte aus der Gesamtkirche und ihrer Geschichte, die das mannigfaltige Bedeutungsspektrum des Herrenmahles wiedergeben und damit die rettende und einende Kraft des real-präsenten Herrn zum Ausdruck bringen.
Die Bruderschaft praktiziert die Gestaltung der altkirchlichen Ämter, wie sie inzwischen auch in dem Lima-Papier angestrebt werden. Sie achtet die Ordnungen der jeweiligen Landeskirchen.
Die Bruderschaftsmitglieder sind gehalten, in den örtlichen Gemeinden mitzuarbeiten, die Wiedergewinnung des Vollgottesdienstes (Wort- und Altarsakrament) anzustreben, regelmäßig am Abendmahl teilzunehmen. Sie verpflichten sich zur regelmäßigen Lesung der Heiligen Schrift und zu einem geordneten Gebetsleben mit Hilfe des »Evangelisch-Katholischen Stundengebetes«. Einzelbeichte, brüderlicher Austausch in wichtigen Lebensentscheidungen, Opfer und Askese innerhalb der entsprechenden Kirchenjahreszeiten dienen der persönlichen und gemeinschaftlichen Heiligung.
Die Kontaktpflege mit artverwandten Bruderschaften und die Präsenz in den Veranstaltungen der Hochkirchlichen Vereinigung zielen auf die sakramentale Erneuerung der evangelischen Kirchen, auf die Kontinuität der Kirche mit den apostolischen Anfängen, auf die Katholizität als Einheit und Gemeinschaft der Christenheit ohne Uniformität.
Die Bruderschaft wartet mit der ganzen Christenheit auf das Kommen des Reiches Gottes durch den, den Er aus Liebe zur Welt dahingegeben hat.

Heinz Joachim Nerger

DER GLAUBE DER BRUDERSCHAFT
1. Die »Hochkirchliche St. Johannes-Bruderschaft« steht auf dem Boden der Heiligen Schrift Alten und Neuen Testaments, die sie im Einklang mit dem Glaubenszeugnis der Gesamtkirche auslegt.
In ihrem Streben nach evangelischer Katholizität beruft sie sich auf das unveränderte Augsburgische Bekenntnis von 1530, das die Übereinstimmung des evangelischen Rechtfertigungsglaubens mit der al-

ten katholischen Kirche bezeugt und die Wiederherstellung der zerbrochenen kirchlichen Einheit sucht.
2. Wie das Augsburgische Bekenntnis gründet sich die Bruderschaft auf die drei altkirchlichen Bekenntnisse Apostolicum, Nicaenum, Athanasianum. Sie achtet die Glaubensbeschlüsse der sieben ökumenischen Konzile und die Lehren der alten Kirchenväter des Ostens und Westens sowie der Väter der reformatorischen Kirchen.
3. Die Bruderschaft bejaht die Vollzahl der von der alten Kirche verwalteten Sakramente, wobei sie zwischen den grundlegenden Sakramenten Taufe und Abendmahl und den in den heutigen orthodoxen und katholischen Kirchen des Ostens und Westens anerkannten sekundären Sakramenten (Beichte, Ordo, Konfirmation, Krankensalbung und Ehe) unterscheidet.
4. Im Hl. Abendmahl bekennt die Bruderschaft die reale Gegenwart Christi unter Brot und Wein (Conf. Aug. X) und sieht darum in ihm den Mittel- und Höhepunkt christlichen Gottesdienstes.
Sie anerkennt seinen Opfercharakter im Sinne der Realpräsenz des einmaligen Kreuzesopfers Christi sowie des Lob- und Dankopfers und der Selbstdarbringung der Gemeinde an Gott durch Christus.
5. Die Bruderschaft anerkennt im Ordo ein zum Wesen der Kirche Jesu Christi gehörendes Element und bejaht die apostolische Sukzession der Amtsträger als die allgemeinkirchliche Grundlage desselben.
Sie achtet die Ordination der außerhalb der apostolischen Sukzession stehenden evangelischen Kirchen, soweit diese unter Handauflegung die Weitergabe des geistlichen Amtes (ministerium docendi evangelii et porrigendi sacramenta – CAV) intendiert.

Aus der Bruderschaftsregel

Bruderschaftsgebet

Herr, unser Gott,
wir gedenken vor Dir unserer St.-Johannesbruderschaft
und aller, die zu ihr gehören:
des apostolischen Vorstehers, unseres Vaters N.,
des Rates der Bruderschaft,
aller Presbyter, Diakone und Diakonissen,
aller Brüder und Schwestern; – der Lebenden und der Toten.
(Wir gedenken vor Dir der Bruderschaften, die uns besonders
verbunden sind.)
Halte unsere Bruderschaft verbunden in der Gemeinschaft
des Glaubens und der Liebe,
des Gebetes und der Arbeit.

Mehre unter uns die Liebe zu Deinem Altar.
Mache die Brüder, die Du berufen hast
zu treuen Haushaltern Deiner Geheimnisse,
auf daß sie Deiner Gemeinde das Brot des Lebens brechen.
Segne unsere Brüder und Schwestern in ihrem Dienst:
Gib jedem von uns guten Rat
und laß unser Werk geschehen zu Deiner Ehre
und zum Besten Deiner Kirche.
Halte fern von uns alle Anschläge des bösen Feindes
und sende Deine heiligen Engel,
daß sie uns behüten auf allen unseren Wegen.
Hilf unserer Bruderschaft zu erkennen, was Dein Wille ist;
bewahre uns vor Hoffart und Kleinglauben
und erhalte uns die Liebe zu allen Menschen.
Wir gedenken vor Dir auch der ganzen Kirche.
Erleuchte ihre Hirten durch den Heiligen Geist.
Laß die Gemeinden zunehmen
in der Erkenntnis Deines Willens,
daß sie alle ein Leib sind in Christo
Deinem lieben Sohne,
Dem samt Dir und dem Heiligen Geiste
sei Ehre und Preis von Ewigkeit zu Ewigkeit.
Amen.

Irenenring – evangelische Schwesternschaft

Geschäftsstelle: Danneckerstraße 18, 7000 Stuttgart 1,
Tel. (0711) 24 59 51

Schwesternschaft für alleinstehende Frauen
ca. 50 Glieder
Leitende Schwester: Ilse Handke, Berlin
1947 im Kloster Lorch gegründet, dem Fundort des Irenenrings.

Impulse
Verwirklichung von Gemeinschaft nach Apg. 2,42 – die Einsamkeit alleinstehender Frauen in ihren Kirchengemeinden entspricht nicht der Botschaft des Neuen Testaments von lebendiger Gliedschaft.
Drei Gruppen fanden sich zusammen: Berufstätigenarbeit der »Vereinigung der Frauen- und Mädchenbibelkreise Württembergs – MBK« (Lydia Präger, Stuttgart); Katechetinnen aus dem Seminar in Ludwigsburg (Irmgard Stoldt-Holzwarth) und »Bibelkreis berufstätiger Mädchen« (Dr. Wilma Sommer, Ulm).

Geistliches Leben

Als »Leitfaden« gilt: Teilnahme an der Jahresrüste und den Regionaltreffen. Verbindung mit anderen Irenenschwestern durch Briefwechsel, Telephon, Besuche, Fürbitte, evtl. Wohngemeinschaft. Mitarbeit in der Ortsgemeinde. Aufmerksamkeit und Beistand für Alleinstehende außerhalb der Schwesternschaft.
Bei Zusammenkünften Tagzeitengebet und Bibelarbeit.

Aufgaben

Ziel ist, durch verbindliches geistliches Leben Gemeinschaft in Jesus Christus zu erfahren und die Gegenwart Christi in Arbeitswelt und Alltag erfahrbar werden zu lassen.

IRENENRING

Die Schwesternschaft hat ihren Namen nach einem Ring, der im Kloster Lorch (Württ.) gefunden und der Königin Irene (um 1200) zugeschrieben wurde. Der Irenenring stellt den Zweiten Artikel des christlichen Glaubensbekenntnisses dar; Jesu Lebensweg wird in ihm mit Hilfe einiger Symbole anschaulich gemacht.
Die Frau mit dem Kind auf dem Arm bedeutet »geboren von der Jungfrau Maria«. Rutenbündel mit Blutstropfen, Hammer und Zange, drei Würfel und das Kreuz symbolisieren das Leiden und Sterben Christi. Die Leiter steht für »hinabgestiegen in das Reich der Toten« und »aufgefahren in den Himmel«. Die Buchstaben »IHS« werden gedeutet als »In Hoc Signo (vinces)« oder »Jesus-Heiland-Seligmacher« und weisen auf den lebendigen Christus hin. Welle und Kelch über bzw. unter diesen Buchstaben stehen für Taufe und Abendmahl. Die Ringform erinnert an den Kranz des ewigen Lebens, und der Name Irene heißt »Frieden«.
Jede Schwester erhält einen solchen Irenenring bei der Aufnahmefeier, den sie ständig am Finger trägt.
Als Zeichen der Schwesternschaft wurde ein altes Abendmahlssymbol gewählt, das Kreuz mit den griechischen Buchstaben ICXC NIKA:
JESUS CHRISTUS SIEGT

Gemeinschaft alleinstehender Frauen

Der Irenenring besteht seit 1947. Uns war deutlich geworden, wie isoliert alleinlebende Frauen sogar in den Kirchengemeinden sein können. Das führte uns zum Fragen nach »Gemeinschaft der Heiligen« und dem Wert von Ehelosigkeit in der Gemeinde. Irenenschwestern sehen ihren Stand als eine der Berufungen innerhalb der Gemeinde Jesu Christi. Unsere Treffen sind Zurüstung für unseren Dienst als ehelos Lebende in Beruf und Ortsgemeinde. Wir kommen dreimal im Jahr für einige Tage zusammen und in den Regionalgruppen mehrmals für einen Tag. Schwerpunkte der Treffen sind Bibelarbeit, Anbetung und Dank im Tagzeitengebet, tägliche Feier des Herrenmahls, persönliches Gespräch und Erfahrungsaustausch.

Die Gemeinschaft innerhalb der Schwesternschaft führt uns aus Isolierung und Enge des persönlichen Alltags heraus, auch in bezug auf Frömmigkeitsformen und andere kirchengeschichtliche Prägungen. Rat und Erfahrungsaustausch unter den Schwestern ermutigen uns, Aufgaben zu übernehmen. Die Begleitung der Schwestern in persönlichen Entscheidungssituationen ist eine große Hilfe.

Unsere Wohnorte liegen über die Bundesrepublik Deutschland einschließlich Berlin verstreut von Hamburg bis in die Schweiz. – Es gibt 3 Irenenring-Wohngemeinschaften mit zusammen 8 Schwestern. Die meisten wohnen allein, ein Fünftel lebt mit Familienangehörigen, ein weiteres Fünftel in Alten- bzw. Pflegeheimen. Etwa ein Viertel der Schwestern steht z. Zt. in einem bezahlten Arbeitsverhältnis. Die Berufe liegen im kaufmännischen und im Bürobereich, sie umfassen ärztliche, pflegerische und fürsorgerische, handwerkliche und hauswirtschaftliche Tätigkeiten; auch sind Lehrerinnen, Katechetinnen und Pfarrerinnen unter uns.

Je nach Kräften nimmt jede von uns Aufgaben wahr in Ehrenämtern und anderen unbezahlten Diensten wie Mitarbeit in gemeindlichen und übergemeindlichen Gremien, Leitung von Frauenkreisen, Hilfe in Familien, Fürbitte und Begleitung von Hilfsbedürftigen. Wir sind erstaunt über diese Vielfalt und dankbar, daß auch unseren schwerbehinderten Schwestern (80% von uns gehören dazu!) immer wieder die Kraft für ihre Aufgaben geschenkt wurde.

In unserer »Ordnung« heißt es: »Der Berufsalltag jeder Schwester steht unter der Zusage des Wortes Gottes, daß Christus in den Gliedern seiner Gemeinde gegenwärtig ist. Die Schwester steht in der heutigen Welt als ein Mensch, der in allem mit Gott rechnet, auch in Fragen der staatsbürgerlichen und gesellschaftlichen Verantwortung. Zur Gemeinschaft und zum Arbeitsleben unter Gott einzuladen ist ihr Auftrag.«

Schwester Ilse Handke

Johanniterorden

»Ballay Brandenburg des Ritterlichen Ordens St. Johannis vom Spital zu Jerusalem«

Johanniterstraße 9, 5300 Bonn 1, Tel. (0228) 23 30 71

Geistlicher Ritterorden (Spitalorden) mit 20 Genossenschaften bzw. Kommenden, davon 4 im Ausland (Ungarn, Schweiz, Finnland, Frankreich), gegliedert in örtliche Subkommenden.
2600 Mitglieder, davon rund 300 ausländische
Leitung: Ein Ordenskapitel unter Leitung des Herrenmeisters (z.Zt. Wilhelm Karl, Prinz von Preußen)

Im 11. Jh. in Jerusalem als Bruderschaft zur Pflege der Kranken und Schwachen entstanden, 1113 als Ritterorden von Rom bestätigt; Stützpunkte in ganz Europa: Kommenden, Ballayen.
Die Ballay Brandenburg genoß seit 1382 eine große Selbständigkeit, konnte sich daher später der Reformation öffnen (Ursprung des evangelischen Zweiges des Johanniterordens), 1810 säkularisiert, seit 1853 Wiederaufleben durch Initiative des Königs von Preußen: Gründung zahlreicher Krankenhäuser im Zuge der beginnenden »Inneren Mission«. Einschränkungen im Dritten Reich, nach 1945 Renovation unter Rückbesinnung auf die geistlichen Wurzeln des Ordens.

Impulse
Die geistliche Waffenrüstung (Eph. 6, 10-17), die acht Seligpreisungen (Matth. 5, 3-10), Johannes der Täufer als Ordenspatron: »Er muß wachsen, ich aber muß abnehmen« (Joh. 3, 30).

Geistliches Leben
Aus der alten Satzung der Ballay Brandenburg:
»Der Johanniter soll mit treuem Herzen dem Bekenntnis der Evangelischen Kirche anhangen, das Kreuz als Zeichen seiner Erlösung tragen, des Evangeliums von Jesus Christus sich nirgends schämen, dasselbe vielmehr durch Wort und Tat bekennen, den Angriffen des Unglaubens mutig und ritterlich im Glauben widerstehen und einen diesem Bekenntnis würdigen Wandel in Gottesfurcht, Wahrheit und Gerechtigkeit, guter Sitte und Treue führen.«
Eine Ordensregel zeigt den Weg, auf dem der einzelne und der Orden unterwegs sein will; sie setzt Ziele, die mit Gottes Hilfe zu gewinnen sind.
Auf den »Rittertagen«, in den »Arbeitsgemeinschaften für Gegen-

wartsfragen«, in den Subkommenden, bei Akademietagungen und Meditationsrüstzeiten werden Fragen des Glaubens und des Lebens in der heutigen Zeit erörtert.

Aufgaben und Einrichtungen

Der Schwerpunkt lag von Anfang an bei der Pflege der Kranken und Schwachen. Die diakonischen Aufgaben des Ordens sind auch heute auf Krankenhäuser, Altenheime und die Unfall-Hilfe konzentriert. Heutige Einrichtungen (»Ordenswerke«) sind:

- *Ordenszentrum: Johanniterkomturei Nieder-Weisel, 6308 Butzbach mit Ordenshaus, Komturkirche und Bundesschule der JUH*
- *Johanniter-Schwesternschaft (400 Schwestern)*
- *Johanniter-Unfall-Hilfe (14000 Helfer und Helferinnen)*
- *Johanniter Hilfsgemeinschaften (für individuelle Hilfe, Hilfe für Gemeinden in der DDR, Polen und sonstigen Notgebieten)*
- *14 Krankenhäuser*
- *14 Altenheime*
- *Ordenshaus Kloster Wennigsen bei Hannover.*

Ökumenische Zusammenarbeit mit den Ordenszweigen in Schweden, England und Holland, sowie mit dem – katholischen – Malteserorden.

Zeitschrift: »Johanniterorden«, 4 Hefte im Jahr.

Der Orden St. Johannis vom Spital zu Jerusalem – ein geistlicher Ritterorden

»Zu Jerusalem«

Das ist zunächst eine Ortsbestimmung. Sie zeigt den geographischen Ursprung auf: jene Stadt auf den Höhen des judäischen Berglandes, die seit Jahrtausenden eine große, immer umstrittene, politische, weil strategische Bedeutung hatte. Diese historische Bedeutung muß man im Auge behalten, wenn man den zeitlichen Ursprung unseres Ordens, die Kreuzzüge, verstehen will. Denn diese Kreuzzüge waren wesentlich politischer Natur. Sie galten der Wiedergewinnung der Gegenküste des Mittelmeeres für die europäischen Mächte... Inmitten dieser Kriege, inmitten dieser weltgeschichtlichen Zusammenhänge spielt sich nun ein geistlicher Vorgang ab, die Gründung des Ordens: Kaufleute aus Amalfi gründen 1050 ein, wie das damals hieß, Xenodochion, eine Fremdenherberge, in der wenig später dann die neue Ordensgemeinschaft entsteht. Im ersten Kreuzzug 1099 unter Gerard wird sie bestätigt.

Der Kreuzzug – der Zug zum Kreuz, der Zug nach Jerusalem – war als Pilgerfahrt schon immer gepflogen worden und das Xenodochion war eine sehr notwendige, praktische Arbeit zur Pflege kranker Pilger. Diese Pilgerfahrten in das Land Jesu, in das Land Israels, sind das Entscheidende. Die Ortsbestimmung Jerusalem weist also auf das Land der Bibel, auf das Land des Volkes Israel. Das ist für das Verständnis unseres Ordens unaufgebbar – bis in die konkreten gegenwärtigen Fragestellungen hinein.

»St. Johannis«

Dieser Hinweis auf das Land der Bibel wird nun noch unterstrichen durch das Patronat, das sich diese Gemeinschaft damals wählte: Johannes den Täufer. In einer Johannes-Kirche, die neben dem Hospital lag, hielten die Brüder ihre Gottesdienste ab. Die Krypta dieser Johanneskirche ist heute noch zu besichtigen.

Mit diesem Patron, Johannes dem Täufer, stellte man sich bewußt hinein in die biblische Tradition, und das heißt, in ein geschichtliches Geschehen, das Wirken Gottes in der Geschichte. Die Geschichte Gottes mit seinem Volk Israel und damit die Geschichte Gottes mit den Völkern der Welt werden zur Tradition unseres Ordens.

Es gibt im Neuen Testament kaum eine faszinierendere Gestalt neben Jesus als diesen Johannes. Die wenigen kurzen Berichte weisen ihn aus als eine der Schlüsselfiguren zum Verständnis des Ganzen. Johannes verklammert gleichsam das Alte mit dem Neuen Testament. Diese seine Funktion ist bis zum heutigen Tage für unseren Glauben von großer Bedeutung...

Johannes weist auf das Kreuz. Es steht bekanntlich auf Golgatha, dem Galgenberg. Nicht im Glanz, sondern außerhalb der Stadt, im Tiefpunkt menschlicher Existenz also, in der Gottverlassenheit, im Sterben eines Ausgestoßenen, wird das Entscheidende erfahrbar: die Nähe Gottes zu den Menschen.

»Vom Spital«

Dieses letzte Charakteristikum in unserem Namen weist auf den Dienst am anderen... Die alte Formulierung »Unsere Herren, die Kranken« macht klar, daß das Herrsein eines Johanniters durch die Schürze, nicht durch das Schwert symbolisiert wird.

»Geistlich«

»Geist«, im Sinne des Alten und Neuen Testaments, ist immer der Geist Gottes. Das hebräische Wort »Ruach« deutet auf etwas Dynamisches, Wirksames; nicht umsonst wird deshalb der Geist Gottes bildhaft verglichen mit dem Wind oder dem Feuer, also mit einer

Kraft. Man könnte von der »Energie« Gottes sprechen, dann hat man den richtigen Einstieg. . .
Dieser Geist Gottes ist das, was die Kirche eigentlich ausmacht. Er bildet die Kirche und er füllt die Kirche. Deshalb sind die »Geistlichen« – griechisch die »Pneumatikeu«, die vom Geist Gottes Ergriffenen – nach dem Verständnis des Neuen Testaments alle Christen. Sie bilden die Ecclesia, die Kirche. Das Wort »geistlich« meint also immer die ganze Gemeinde. . .
Damit ist ein »geistlicher Laienorden«, theologisch gesehen, »Kirche Jesu Christi« in einer spezifischen Ausprägung und damit auch Teil der Institution Kirche in ihrer vielfältigen Gestalt in der Welt.

»Ritterlich«
. . . Das Verständnis des Wortes »Ritter« ist vor allem geprägt durch jenen Text aus dem Epheserbrief, der unserer Ordensregel vorausgestellt ist. Das Bild der »Waffenrüstung« geht davon aus, daß der Christ in den ständigen Kampf hineingestellt ist, »der uns verordnet ist«, die Auseinandersetzung zwischen Glaube und Unglaube, die sich in erster Linie einmal in uns selbst abspielt. Es ist ein Kampf um Menschen, nie ein Kampf gegen Menschen. Das müssen wir im Auge behalten bei unserer traditionellen Formulierung »Kampf gegen den Unglauben«. . .

»Orden«
Der Ordensgedanke bedeutet nicht Rückzug auf vermeintliche Bastionen traditioneller, religiöser Art, sondern Bewährung inmitten der so wüsten, verworrenen, orientierungslosen Welt. Er ist nichts anderes und nichts besseres als eine Gemeinschaft von Christen. Er ist Kirche Jesu Christi, die unterwegs ist zur Freiheit Gottes. . .
In dieser Gemeinschaft behält jeder einzelne seine Eigenart: Jeder ist berufen, seine unterschiedlichen Gaben und Kräfte zu bewähren. Jeder ist ein Glied am Leibe, aber jedes Glied ist anders. Es ist also keine elitäre Gemeinschaft, aber auch keine uniforme oder egalitäre, sondern eine Gemeinschaft unterschiedlicher, gleichwertiger Menschen unter dem Wort.

»Ritterlicher Orden St. Johannis vom Spital zu Jerusalem«
Unter dem Wort, das heißt im Lesen der Bibel, sind wir Gemeinschaft im Geist und Gemeinschaft im Dienst. Das alles ist nur möglich, wenn es Gemeinschaft im Gebet ist.

Albrecht von Mutius, aus einem Vortrag 1982

Das Ordensgebet

Segne, segne, Herr, den Orden!
Dir zur Ehre will er dienstbar sein.
Sei ihm gnädig, hilfreich immer,
Steh' ihm bei im Kampf zum Heil.
Stärk' den Glauben an den Heiland,
Der zu Ehren das Kreuz gebracht,
Wehr' dem Bösen, hilf zum Guten,
Den Schwachen hilf, treu zu sein,
Den Schwachen hilf!
Herr, höre uns!
Amen.

Kleine Brüder vom Kreuz

Hof Beutzen 3, 3102 Hermannsburg, Tel. (05052) 34 87

Bruderschaft von Predigern
50 Brüder, überwiegend Pastoren
Geistlicher Leiter: Pastor Klaus Vollmer
1977 gegründet durch Pastor Klaus Vollmer (Hermannsburg)

Impulse
In den Unruhen zwischen 1968 und 1972 sammelte sich ein Kreis von Studenten, denen es darum ging, ein geistliches Leben zu führen. Aus ihm ging die Bruderschaft hervor. Sie weiß sich dem Erbe des »lutherischen Pietismus« und damit erwecklicher Frömmigkeit verpflichtet und will bewußt teilhaben an der theologischen Arbeit und der geistigen Auseinandersetzung der Zeit.

Geistliches Leben
Im Mittelpunkt steht die »Botschaft vom Kreuz«, wie sie von Paulus gelehrt (1. Kor. 1,18 bis 2,5) und von Martin Luther neu in das Zentrum christlicher Verkündigung gerückt wurde. Diese Kreuzestheologie versuchen die Brüder zu leben und in Verkündigung und Seelsorge weiterzugeben.
Die Bruderschaft verzichtet auf feste Regeln und Gelübde. Sie versteht sich als bruderschaftliche Dienstgemeinschaft. Für das geistliche Leben gibt sie sich »Weisungen«, die jeder Bruder in Verantwortung vor Gott und der Gemeinde Jesu in evangelischer Freiheit befolgen soll. Ihre »Ordnungen« gestalten das Miteinander innerhalb der Bruderschaft und das Verhalten in der Öffentlichkeit.

Einmal im Monat findet ein verbindliches Treffen aller Brüder statt, zweimal im Jahr für eine ganze Woche. Jedem Bruder ist ein »stiller Tag« im Monat empfohlen.

Aufgaben und Einrichtungen
Die einzelnen Brüder tun ihren Dienst in kirchlichen Gemeinden oder in der Mission. Sie versuchen, beim Aufbau lebendiger Gemeinden mitzuwirken. Dabei legen sie einen Schwerpunkt auf die Mitarbeiterzurüstung (Persönlichkeitsbildung und Einführung in theologische Grundsatzfragen). Sie wollen nach Möglichkeit keine institutionellen Leitungsaufgaben oder besonderen Ämter übernehmen, um für den Dienst an Wort und Sakrament frei zu bleiben.
Als Studien- und Einkehrzentrum hat die Bruderschaft »Hof Beutzen Nr. 3« bei Hermannsburg gemietet.

NAME – BERUFUNG – AUFTRAG
Der Name »*Kleine Brüder vom Kreuz*« weist auf eine bestimmte Weise geistlichen Lebens hin, zu der sich die Brüder im Glauben an den Herrn Jesus Christus gerufen und verpflichtet wissen.
Die Bruderschaft führt das »*Kreuz*« im Namen, um zu bezeugen, daß sie sich im Glauben, Denken, im Dienen und in der Lebensgestaltung von der Botschaft des Kreuzes bestimmen lassen will, wie sie von Paulus gelehrt (1. Kor. 1,18 bis 2,5) und von Martin Luther neu in das Zentrum christlichen Glaubens und Lebens gerückt wurde (Heidelberger Disputation 1518).
Die ständige Wiederentdeckung der Botschaft vom Kreuz und die Übersetzung dieser Botschaft für den Dienst in Kirche und Mission sind das innerste Anliegen der Bruderschaft.
Die Bezeichnung »*Kleine*« Brüder zeigt an, daß die Bruderschaft jedem Bruder helfen möchte, sein Leben in Einfachheit und hingebungsvollem Dienst so zu führen, wie es der Herr seinen Jüngern geboten hat (Matth. 20, 25-28; Joh. 13, 1-17). Der Wille zur Versöhnung bestimmt sein Leben. Jeder Bruder hütet sich vor Ämterhäufung und verzichtet nach Möglichkeit auf institutionelle Leitungsaufgaben. Die Bruderschaft gründet keine eigenen Gruppen oder Gemeinden, sondern sie stellt sich mit ihren Diensten den bestehenden Kirchen und Missionswerken zur Verfügung.
Die »*Bruder*«-Existenz zeigt sich in einer geistlich verbindlichen Gemeinschaft, in der jeder Bruder Rat und Hilfe in Anspruch nimmt und seine Hilfe zur Verfügung stellt, wo immer diese gebraucht wird. Soweit es die geschichtlichen Umstände erlauben, sollen die Brüder Formen gemeinsamen Lebens und Dienens wagen und ge-

stalten. Gelebte Bruderschaft kreuzigt die Selbstherrlichkeit, durchbricht die Einsamkeit, läßt die Führung Jesu erfahren und schafft eine Lebensweise, die bevollmächtigt, allen Menschen brüderlich zu begegnen. Aus einem Faltblatt der Kleinen Brüder vom Kreuz

Kloster Amelungsborn

Kloster Amelungsborn, 3451 Negenborn, Tel. (05532) 83 00

Konvent: Abt und 8 Konventuale
Familiaritas: Männer versch. Berufe
insgesamt 58 Männer
Abt: Dr. Kurt Schmidt-Clausen
1960 Installation eines Abtes, der den Konvent berief und die Familiaritas gründete.

Impulse
Die 1960 ins Leben gerufene Bruderschaft steht in der jahrhundertealten Tradition des Klosters Amelungsborn, das 1135 von den Zisterziensern gegründet wurde. Sie möchte evangelisch-lutherisches Gemeinschaftsleben aus der Spiritualität der Zisterzienser verwirklichen.

Geistliches Leben
Im Gehorsam gegen Gott geloben die Glieder der klösterlichen Familie Gehorsam gegenüber dem erwählten Abt. Sie stellen sich für alle möglichen Dienste zur Verfügung und halten sich zu möglichst häufiger Residenz im Kloster auf. Sie verpflichten sich, das Chorgebet möglichst oft zu feiern, in Abwesenheit vom Kloster unter Anleitung des »Amelunger Breviers« täglich ein Wort der Schrift sorgfältig zu bedenken und täglich zu beten, um so trotz räumlicher Trennung mit den Brüdern verbunden zu sein, ferner in den heimischen Kirchengemeinden mitzuarbeiten und bei Tagungen im Gästehaus mitzuwirken. Auf diese Weise hofft die Bruderschaft, »von Gott dem Heiligen Geist ergriffen und in den Ihm gefälligen Dienst genommen zu werden«.

Aufgaben und Einrichtungen
Im Gästehaus des Klosters werden Gästetagungen angeboten, auch Einkehrtagungen im Zusammenhang mit den Festzeiten, Tagungen in den Fastenzeiten zum Einüben der Stille und Konzentration. Geistliche Führungen durch Abteikirche und Kloster.

Evangelisches Klosterleben aus der Spiritualität der Zisterzienser

Das Kloster Amelungsborn wurde im Jahre 1135 von den Zisterziensern gegründet. Entsprechend der Regel des Mönchsvaters Benedikt hatte das Klosterleben zwei Schwerpunkte: 1. das tägliche Lob Gottes durch Messe und achtfaches Chorgebet; 2. harte Arbeit: Rodung und Kultivierung des Landes, Aufnahme von Reisenden, Unterhaltung von Krankenhaus und Schule und Studien aller Art, Einrichtung von Archiv und Bibliothek, Entsendung von Mönchsgruppen zwecks Begründung neuer Zisterzen (Klöster Riddagshausen, Doberan u.a.).

Da Luther den bedeutendsten Zisterzienser – St. Bernhard von Clairvaux – als Theologen, Prediger und sprituellen Charismatiker überaus schätzte, nahmen die Zisterzienserklöster auch nach der Reformation weiterhin eine geachtete und führende Stellung in den lutherischen Kirchengebieten ein, z.B. in Niedersachsen: Marienthal, Michaelstein, Walkenried, Riddagshausen, Loccum, Amelungsborn und andere Häuser des Ordens übten großen Einfluß und hatten an der Bildung und Leitung der niedersächsischen lutherischen Landeskirchen Anteil. Der Abt zu Loccum leitete jahrhundertelang die hannoversche Landeskirche; ähnliche leitende Funktionen übten die im Herzogtum Wolfenbüttel liegenden Zisterzen aus. Erst Aufklärung und absolutistische Fürstenherrschaft enteigneten und zerstörten die meisten von ihnen. Loccum und Amelungsborn konnten ihre Kontinuität bewahren und bilden eigene Konvente und Rechtskörperschaften in der hannoverschen Landeskirche.

Im Kloster Amelungsborn wurde 1960 nach längerer Vakanz der 55. Abt berufen: Christhard Mahrenholz, leitender Theologe im hannoverschen Landeskirchenamt, führender Hymnologe und Liturgiker, »Vater« des Evang. Kirchengesangbuches und des gemeinsamen Agendenwerkes des deutschsprachigen Luthertums. Zugleich wurde nach mehr als hundertjähriger Vakanz der Konvent neu eingesetzt. Nach der Konventsordnung besteht er aus Abt, Prior und sieben Konventualen, darunter ein Jurist.

Ziel dieser unter dem Eindruck der neuen europäischen bruderschaftlich-kommunitären Bewegung entstandenen Lebensform ist es, evangelisch-lutherisches Gemeinschaftsleben aus der Spiritualität der Zisterzienser zu gestalten. Mitte dieser Spiritualität ist der Psalter und das Stundengebet (viermal täglich). Hinzu treten als Aufgaben das biblische Studium, der äußere und innere Wiederaufbau, die Unterhaltung eines Gästehauses für Studien- und Bildungstagungen der Landeskirche, enge Zusammenarbeit nicht nur mit an-

deren Bruderschaften (z.B. Doberaner Konvent, Evangelische Michaelsbrüder u.a.) und Kommunitäten, sondern ebenso mit den Kirchengemeinden des Umfeldes.
Nicht lange nach der Wiederbegründung des Konventes bildete sich als »Laienverbund« des Klosters die »Familiaritas«; sie wird wie der Konvent vom Abt geleitet, besitzt aber im Senior und Ältestenkreis eine eigene Struktur, steht ebenso wie der Konvent unter der Regel. Neben Konvent und Familiaritas gehören der klösterlichen Familie Förderer, Freunde und ständige Gäste an, die sich der Regel aus unterschiedlichen Gründen nicht unterstellen, aber dennoch im Gesamtgefüge hilfreich mitwirken. Insgesamt gehören zur Bruderschaft 58 Männer.
Im Unterschied zu manchen anderen Gemeinschaften versteht sich die Amelungsborner Bruderschaft als ein Kloster der Kirche, d.h. sie will nicht ein kirchenfremdes, esoterisches Eigenleben führen, sondern durch ihre Lebensform der Gesamtkirche dienen. Sie geht von der schon in der frühen Christenheit bestehenden Einsicht aus, daß zur geistlich gesunden Großkirche auch die Existenz von besonderen kirchlichen Lebensformen wie Klöster, Orden, Kommunitäten, Schwestern- und Bruderschaften je eigener Prägung und Aufgabenstellung notwendig hinzugehört. Wo sie verschwinden oder mit Gewalt vertrieben werden, schwindet allmählich auch das Gebet, die Spiritualität, der ganze Kosmos der Gnadengaben und die endzeitliche Perspektive des Christlichen. Eine solchermaßen mißhandelte Kirche wird dann mehr und mehr anderen öffentlichen Gemeinschaften (wie »Staat«,»Gesellschaft«, »Verein«) immer ähnlicher und lebt vom »Welthaften« statt von der Nähe des Reiches Gottes. Hier sieht das Kloster Amelungsborn eine Fülle von nötigen Diensten und Aufgaben; obwohl es sich als Provisorium verstehen muß, sind die Dienste und Aufgaben gleichwohl notwendig, vor allem die Ermutigung zum Gotteslob, zum Gebet, zur Vertiefung in die Offenbarung, zur Fürbitte und zur hoffenden Nächstenliebe: Gott über alle Dinge fürchten, lieben, vertrauen!

Kurt Schmidt-Clausen

Koinonia

Geschäftsstelle: Missionsstraße 3-5, 3102 Hermannsburg, Tel. (05052) 29 88

Bruderschaft mit verschiedenen Zweigen
130 Glieder

Ehelosenkreis
Domhof 42, 2418 Ratzeburg, Tel. (04541) 8 35 10
10 Brüder
Leiter: Pastor Dr. Olav Hanssen

Communität
Harrlstraße 6, 3062 Bückeburg, Tel. (05722) 2 47 89
3 Familien und 2 unverheiratete
Leiter: Landeskirchenrat Dr. Wolfgang Kubik

Epiphaniaskreis
Missionsstraße 3-5, 3102 Hermannsburg, Tel. (05052) 33 06
40 Glieder
Leiter: Pastor Dr. Reinhard Deichgräber

Blaue Koinonia
Bursfelde, 3510 Hann. Münden 11
70 Glieder (Akademiker und Studenten)
Leiter: Pastor Heinz Strothmann

1962 sammelte sich um Pastor Dr. Olav Hanssen eine kleine Gemeinschaft von Brüdern des Hermannsburger Missionsseminars: zunächst »Gethsemane-Bruderschaft«, seit 1966 »Koinonia«.
1967 kam die aus der südhannoverschen Jugendarbeit erwachsene »Göttinger Bruderschaft« dazu.
1975 bildete sich ein Kreis eheloser Brüder, der seit 1979 im Umkreis des Ratzeburger Doms lebt, mit einem Kreis von Tertiaren.
1976 Communität in Hermannsburg: Lebensgemeinschaft, die für Familien und Unverheiratete offen ist.
1982 Zweites Haus der Communität in Bückeburg.
Im »Epiphaniaskreis« bzw. in der »Blauen Koinonia« sammeln sich die Glieder der Koinonia, die nicht dauernd in kommunitärer Gemeinschaft leben.

Impulse
Die Einsicht, daß für den pastoralen und missionarischen Dienst Menschen gebraucht werden, die eine innere Bevollmächtigung durch ein intensives geistliches Leben mitbringen, führte zu einer Form der Verbindlichkeit, in der das Betrachtende Gebet und die liebevolle Beschäftigung mit der Heiligen Schrift in der Meditation wichtig wurden. Anregungen von Taizé und den Evangelischen Marienschwestern wurden aufgenommen.

Geistliches Leben

Die Koinonia versteht sich als eine Bruderschaft des Gebetes. Die verschiedenen Gruppierungen unterscheiden sich im Grad der geistlichen Verbindlichkeiten, die festgelegt sind in einer »Regel« bzw. »Geistlichen Ordnung«: täglich Zeit für das Betrachtende Gebet bzw. das Herzensgebet, fortlaufende Lektüre des Matthäusevangeliums als Anleitung für gelebte Nachfolge, mindestens eine Einkehrfreizeit von vier Tagen im Jahr.

In der Besinnung auf die Gestalt der Jüngerschaft Jesu wurden in Anlehnung an die klassischen Ordensgelübde die folgenden Wesensmerkmale wichtig:

Armut: einfaches Leben.

Ehelosigkeit: Ehe und Ehelosigkeit werden als gleichberechtigte Möglichkeiten angesehen – Ehe als Gottes Ordnung in und für diese Welt, Ehelosigkeit als zeichenhafter Hinweis auf Gottes ewige Welt.

Gehorsam: Verbindlichkeit in der Ausrichtung auf Gottes Willen, Begleitung durch einen erfahrenen Betreuer (Gehorsam gegenüber einem Leiter).

Aufgaben und Einrichtungen

Domkloster Ratzeburg: Haus der Einkehr und Stille für einzelne und Gruppen (Domhof 18a, 2418 Ratzeburg).

Klosterschule in Ratzeburg: »Jahr der Einkehr« für junge Männer.

Studienhaus für Studenten (Pfaffengasse 4, 6900 Heidelberg).

Schriftenstelle der Koinonia: Vertrieb der in der Koinonia entstandenen Bücher und Aufsätze (Missionsstraße 3-5, 3102 Hermannsburg).

Verbindliches Miteinander in Hausgemeinschaften

In der Communität der Koinonia leben Familien und einzelne Erwachsene in zwei Hausgemeinschaften zusammen.

Wir suchen in dieser Lebensgestalt, wie wir uns als Christen mitten in dieser Welt beanspruchen lassen und dabei dennoch im Glauben wachsen können. Die meisten von uns stehen in beruflichen Verpflichtungen. So bekommen wir auch stark die heutigen Umbrüche im sozialen und beruflichen Bereich zu spüren.

Wir leben in Gütergemeinschaft und haben im Laufe der letzten sieben Jahre gemerkt, daß unser Besitz, den wir teilen, nicht nur das Materielle, sondern viel mehr noch unsere Zeit umfaßt, die nun allen mitgehört.

Die Tage in den Häusern sind geprägt von der Morgen- und Abend-

andacht, von den wöchentlichen Gemeinschaftsabenden mit Bibelgesprächen und der Feier des heiligen Abendmahls.
Jeder einzelne hat ausführlich Zeit für das tägliche Betrachtende Gebet. Jeder hält monatlich einen Stillen Tag und zweimal im Jahr eine Einkehrfreizeit. Darüber hinaus ist jeder in einem Dienst tätig: in der Kirche – besonders in der Jugendarbeit –, in der Mission oder unter Studenten. Mit unseren Freunden, die in den Jungen Kirchen der Dritten Welt arbeiten, versuchen wir, das kommunitäre Leben für die jeweilige Umgebung umzusetzen. Wir stehen dabei gemeinsam noch sehr am Anfang, den Gedanken des kommunitären Dienens in die Mission in Übersee einzubringen.
Die Communität soll eine Hilfe zum geistlichen Leben sein und jeden ermutigen, in aller Verborgenheit in der Kirche mitzuarbeiten. Im Communitäts-Seminar können Gäste an dieser Lebensgestalt eine Zeitlang teilhaben.

Communität der Koinonia

Klösterliches Leben in Ratzeburg

Innerhalb der Koinonia kam es 1975 am Missionsseminar in Hermannsburg zur Gründung eines Ehelosenkreises. Er hat 1979 auf dem Domhof von Ratzeburg eine Heimat gefunden. Hier wurde die schon in Hannover und Hermannsburg durchgeführte Mitarbeiterschule (»Jahr der Einkehr«) für junge Männer fortgesetzt. Seit September 1980 wird von einem Freundeskreis das Domkloster als »Haus der Einkehr und Stille« geführt; der Ehelosenkreis ist gebeten worden, hierfür die geistliche Verantwortung zu übernehmen.
Unter dem prägenden Einfluß des Klosters ist unser Ehelosenkreis sich seiner Berufung zu einem ordensähnlichen Weg noch gewisser geworden. Mit dem Kleinen Kreis von vier Brüdern wollen nun sieben weitere Brüder das Leben einer jungen evangelischen Ordensgemeinschaft teilen. Sie leben in vier verschiedenen familienähnlichen Wohneinheiten, den »Kellien« (Zellen), und treffen sich zum Tagzeitengebet im Dom. Ein Kellion ist im Einkehrhaus präsent. Um den Ehelosenkreis herum hat sich ein »Tertiarenkreis« von Familien und Einzelnen gebildet, die schon längere Zeit als Freunde des Domklosters geistlichen Anschluß gesucht hatten. Allen gemeinsam ist der Wunsch nach einem »Leben aus der Mitte«: es ist die Sehnsucht nach einem Leben, wo nicht »wir leben, sondern Christus in uns«.
Noch ist es eine ganz junge »Pflanze«, die in Ratzeburg heranwächst. Ob die Koinonia als ganze sie auf Dauer als zu ihr gehörig erkennt und ihr den notwendigen Lebensraum gewährt, muß sich in der Zukunft erweisen.
Ähnlich offen ist die Zukunft des »Jahres der Einkehr«. Wahrschein-

lich wird eine stärkere Integration in das Kloster geschehen als bisher. Stärkere Profilierung als Lebensschule, flexible Dauer, Möglichkeit eines monatlichen Einstiegs, Unterricht mit monatlich wechselnder Thematik, Mitarbeit im Kloster, Mitleben mit der jungen Ordensgemeinschaft sind weitere Stichworte einer Neukonzeption, die sich erst im Vollzug klarer entwickeln lassen wird.

Ehelosenkreis der Koinonia

Gemeinschaft

Jesus Christus lieben heißt, die Brüder lieben. Wir versprechen, daß wir an jedem Ort und zu jeder Zeit das in der Betrachtung geschenkte Bild der Gemeinschaft zu verwirklichen trachten.

Unsere Bruderschaft, zu der du gehörst, hat sich unter dem Namen Koinonia zusammengefunden. Dieser Name bedeutet Gemeinschaft; er meint aber nicht nur die menschlichen Beziehungen untereinander. Er will dir viel mehr sagen: Dein Herr, Jesus Christus, ist die Mitte des Universums: In Ihm ist alles geschaffen, was im Himmel und auf Erden ist, das Sichtbare und Unsichtbare, es seien Throne oder Herrschaften, Reiche oder Gewalten. Es besteht alles in Ihm.

Der Herr allein kann Koinonia begründen und tragen. In der Bruderschaft versammelst du dich mit deinen Geschwistern um den Herrn.

Die schönste Gemeinschaft erfährst du, wenn du in der Einsamkeit der Betrachtung deinen inneren Blick unverwandt auf den Herrn gerichtet hast.

Die innigste Gemeinschaft erlebst du, wenn du mit deinen Geschwistern das Geheimnis der heiligen Eucharistie feierst. Du hast Teil am Heiligen. Denn der gesegnete Kelch, welchen wir segnen, ist er nicht die Koinonia des Blutes Christi? Das Brot, das wir brechen, ist das nicht die Koinonia des Leibes Christi?

Die Erkenntnis der Gemeinschaft am Leib des Herrn Jesus Christus und die daraus sich stets erneuernde Liebe verwirklicht sich nun auch in der sichtbaren Gemeinschaft mit deinen Geschwistern. Strebe mit ihnen danach, das irdene Gefäß deines Leibes vom himmlischen Leib, an dem du teilhast, verklären zu lassen.

Deshalb sollst du überall, wo es möglich ist, mindestens einmal in der Woche mit deinen Geschwistern zusammenkommen. Suche mit deinem Leiter nach einer anderen Möglichkeit leibhafter Gemeinschaft, wo sich dies nicht verwirklichen läßt.

Nicht Menschen gebieten dir die Bruderliebe, sondern dein Herr Jesus Christus ist es, der spricht: Ein neues Gebot gebe ich euch, daß ihr euch untereinander liebet, wie ich euch geliebt habe, damit auch

ihr einander liebhabt. Ohne solche Liebe wirst du wahre Gemeinschaft nirgends in der Welt finden.
Gelebte Koinonia macht dich zu größerer Hingabe fähig. Denn wenn du dein Leben hingibst, wirst du es gewinnen. Die Geschwister wollen dich annehmen, gleichwie Christus sie angenommen hat.
Vielleicht werden dir innerhalb oder außerhalb der Bruderschaft besondere Freundschaften geschenkt. Laß sie stets eingebettet sein in das umfassendere Band der Christus- und der Bruderliebe.

Aus der »Geistlichen Ordnung« der Koinonia

Nagelkreuzgemeinschaft
Community of the Cross of Nails

Kontaktanschrift: Evangelische Akademie Iserlohn, Dr. F. H. Keienburg, Berliner Platz 12, 5860 Iserlohn, Tel. (02372) 3 52 42

Internationale Lebensordnungsgemeinschaft, die sich um die jeweiligen »Versöhnungszentren« sammelt.
Kerngruppe: Orden der »Companions of the Cross of Nails« mit 18 Mitgliedern, davon 5 in BRD und DDR

Impulse
Der Wiederaufbau der im 2. Weltkrieg zerstörten Kathedrale in Coventry (Mittelengland) in den Jahren 1961/62 führte weltweit zur Entstehung von Versöhnungszentren, die mit Coventry verbunden sind.
Gemeinsames Symbol: das Nagelkreuz von Coventry (aus drei Nägeln des mittelalterlichen Kathedraldaches).

Geistliches Leben
Eine gemeinsame Lebensordnung (Common Discipline) gibt Anleitung zu einem neuen christlichen Lebensstil (Life-Style): tägliche Zeit der Stille; fünf Stunden wöchentlich Lektüre, Reflexion und persönliche Weiterbildung; einfacher Lebensstil; regelmäßige Zusammenkünfte in kleinen Gruppen und Hauskreisen (»Foyers«); Teilnahme an den größeren Treffen (in Großbritannien und USA).

Aufgaben und Einrichtungen
Hauptauftrag: weltweiter Dienst der Versöhnung, Erneuerung der Kirche u.a.
Weltweit 50 Zentren: z.B. Kalkutta (Indien), Kapstadt (Südafrika),

Corrymeela (Nordirland), Atlanta, Richmond und Hendersonville (USA).
In der BRD: Iserlohn, Münster, Josephsthal, Ottobeuren, Darmstadt.
In der DDR: Dresden, Pankow, Cottbus.
Zeitweilige Projekte: Versöhnungszentrum in Nordirland, House of Hope in Israel.

WELTWEITER DIENST DER VERSÖHNUNG

Immer wieder gibt die Besinnung auf den Ursprung der Gemeinschaft neue Impulse. Nach der Bombennacht des 14. November 1940 hatte ein junger Mann in den Trümmern der Kathedrale von Coventry einige große eiserne Nägel, die seit dem 14. Jahrhundert die schweren Balken des Kirchendachs getragen hatten, gefunden. Er legte drei von ihnen zusammen in Form eines Kreuzes. Neben der Inschrift »Vater vergib« auf der Rückwand des Altarraumes in der Ruine wurde dieses Kreuz zum Symbol dafür, daß der Glaube dem Haß die Versöhnung entgegensetzt, der Zerstörung die Hoffnung und der Gleichgültigkeit den Geist der Erneuerung.
Es gibt heute an etwa 50 Orten in allen Kontinenten Nagelkreuzzentren, wo sich Christen verschiedener Konfession und Nationalität treffen, um die Herausforderungen ihrer jeweiligen Umwelt anzunehmen. In den vergangenen Jahren gab es als gemeinsame Projekte den Wiederaufbau eines Flügels des Lutherischen Krankenhauses in Dresden, den Bau des Coventry-Hauses in Corrymeela in Nordirland und den Ausbau des Hauses der Hoffnung im Kibbuz Shfa-Am in Israel. Jährlich lädt die Gemeinschaft zu einer Studienkonferenz ein, bei der in den vergangenen Jahren die Themen »Der Mensch und seine Stadt«, »Europa morgen«, »Verantwortung für Schöpfung und Umwelt«, »Begegnung und Versöhnung in einer geteilten Welt« behandelt wurden.
Die Lebensordnung (Common Discipline) hat ihren Grund in der Versöhnung Gottes in Jesus Christus (2. Kor. 5, 17-20). Neben bewährten Elementen aus der Regel der Benediktiner und der ökumenischen Bruderschaft von Taizé sind die Herausforderungen der Gegenwart, der Auftrag zu Frieden und Versöhnung und zu einem neuen versöhnenden Umgang mit der Schöpfung bestimmend. Die tägliche Zeit der Stille, die Bemühung um einen schlichten Lebensstil, die Offenheit für andere und die Entdeckung gemeinsamer Aufgaben wollen helfen, zur Verwirklichung von Versöhnung und Frieden in unserer heutigen Welt beizutragen, z.B. durch Abbau von Vorurteilen, Beseitigung von Mißtrauen und Öffnung für gegensei-

tiges Verständnis. Deshalb gehört auch der gegenseitige Besuchsdienst, etwa junger Christen aus Deutschland in Nordirland oder amerikanischer Gemeindeglieder in der DDR, zu den wesentlichen Lebensäußerungen der Gemeinschaft. In Beruf und Freizeit, Familie und Gemeinde, Gemeinschaft und Gottesdienst Bewährtes zu bewahren und neue Denk- und Verhaltensweisen zu entwickeln, sieht die Nagelkreuzgemeinschaft als eine ihrer Aufgaben.
Etwa 20 Männer und Frauen aus den USA, aus Europa und Afrika sind »Companions«, Mitglieder des »Nagelkreuzordens«, der sich auch in besonderer Weise der Regel und der Förderung des geistlichen Lebens in der Nagelkreuzgemeinschaft verpflichtet weiß. Einige dieser Companions sind Amtsträger der Kirche, andere sind engagierte Laien. Die Companions möchten dazu mithelfen, daß die Nagelkreuzgemeinschaft ein Instrument sein kann zur Bezeugung einer ständigen Hoffnung und für die Verwirklichung der Versöhnung und Erneuerung aus dem Evangelium in unserer Welt.

Dr. F. H. Keienburg

Ökumenischer St. Lukas-Orden für Krankenseelsorge und Lebensmüdenbetreuung

Glockenstraße 17, 1000 Berlin 37, Tel. (030) 8 01 58 48

Bruderschaftliche Verbindung von Pfarrern, Ärzten, Psychologen
ca. 50 Mitglieder
Leitung in Deutschland: Dr. med. Dr. phil. Klaus Thomas D.D.
1951 in Deutschland gegründet von Dr. Klaus Thomas, 1955 als Verein eingetragen.
Die internationale Bewegung war zu Beginn des Jahrhunderts in den USA entstanden.

Impulse
Zwei Bewegungen des ausgehenden 19. Jahrhunderts hatten bereits das Anliegen einer Zusammenarbeit zwischen Arzt und Seelsorger: Die »Emmanuel-Bewegung« war von dem Pfarrer und Psychologen Dr. Elwood Worcester in den USA gegründet worden.
In England hatte J. M. Hickson in Anknüpfung an Johann Christoph Blumhardt (Bad Boll) durch Krankenseelsorge (verbunden mit Heilungen) zu einer Erweckung beigetragen.
Rev. Dr. John Gayner Banks führte das Werk Hicksons in den USA weiter und baute die »Emmanuel-Bewegung« zur Lukas-Gemeinschaft aus: »The Order of Saint Luke The Physician«.

Geistliches Leben
Die Mitglieder bekennen sich zu einer »Regel«, auf deren Geist sie sich verpflichten: Gebet, tägliches Lesen in der Bibel, regelmäßiger Empfang des Hl. Abendmahls, Einsatz im Dienst der Krankenseelsorge.

Aufgaben und Einrichtungen
In aller Welt:
Gottesdienste mit Krankensegnung. Seelsorgerliches Gespräch. Fürbittkreise mit Krankenbesuchen.
Christliche Erholungsheime, Seelsorgeheime.
Ausbildung in wissenschaftlicher Pastoral- und Religionspsychologie als Grundlage sachkundiger biblischer Seelsorge.
Tagungen und Konferenzen über die Krankenseelsorge; biblische Besinnung und Meditation.
Hauptarbeitsgebiete in Deutschland:
Telephonseelsorge und Ärztliche Lebensmüdenbetreuung (seit 1956) einschließlich umfassender psychiatrischer und psychotherapeutischer Krankenbehandlung. Seelsorgetagungen für Ärzte.
»Arbeitsgemeinschaft Arzt und Seelsorger«.
Zahlreiche Buchveröffentlichungen von Dr. Dr. Klaus Thomas.

MEDIZINISCHE THERAPIE UND SEELSORGE
Entsprechend dem Vorbild von Lukas, dem Arzt und Evangelisten, suchen wir, Kranken in beiden Bereichen zu dienen und doch die Grenzen zwischen Medizin und Seelsorge zu wahren.
In aller Welt liegt ein Schwergewicht der Arbeit in den Krankengottesdiensten mit persönlicher Handauflegung und Fürbitte. Solche »Seelsorge-Gottesdienste« finden in Berlin seit 1956 regelmäßig fast an jedem Sonntag statt.
In Deutschland wurde der »Orden« (der richtiger als Arbeits- und Gebetsgemeinschaft zu verstehen ist) durch die Telephonseelsorge und die Ärztliche Lebensmüdenbetreuung bekannt. Wir haben nach mehrjähriger Vorbereitung 1956 die erste deutsche Telephonseelsorge ins Leben gerufen und bis heute durchgeführt, anfangs gegen den erbitterten Widerstand der evangelischen Kirche, die sich diese Arbeit später (in mehrfachem Wortsinn) zu eigen machte.
Die »Kranken bedürfen des Arztes« sagte Jesus. In der Telephonseelsorge müssen die Mitarbeiter zuverlässig die (fast immer seelisch kranken) Selbstmord-Gefährdeten erkennen und sie zur ärztlichen Behandlung einladen, ohne die auch bei bester Seelsorge die Gefährdung bestehen bliebe. Deshalb liegt ein Schwergewicht der Arbeit

bei der nüchternen psychiatrischen und psychotherapeutischen Behandlung, aber auch bei der fachpsychologischen Beratung der seelisch Kranken. Weit über 20000 wurden bisher betreut, von denen 7000 in Selbstmordgefahr waren.
Zur praktischen seelsorgerischen und ärztlichen Tätigkeit tritt als zweiter Aufgabenbereich die wissenschaftliche Forschung auf dem Gebiet der Selbstmordverhütung, der Depressionsforschung, des autogenen Trainings und anderer Gebiete der Psychotherapie sowie der Religionspsychologie und der Seelsorge. Rund 20 Bücher zeugen von diesen Arbeiten.
Räumlich und personell ist der Ärztlichen Lebensmüdenbetreuung daher ein wissenschaftliches Institut für Psychotherapie, das »I.H. Schultz-Institut« verbunden, das als selbständige Einrichtung der ärztlichen Fortbildung dient und auch in der Bundesrepublik in verschiedenen Städten und Universitäten regelmäßig Ärztekurse durchführt. Wir bieten fachliche und geistliche Hilfe einem jeden an, der sich in persönlichen Konflikten und Nöten an uns wendet. Das können Menschen sein, die aus diesem oder jenem Grund keine Verbindung mehr zu ihren Kirchen haben. Das können aber auch Angehörige von christlichen Gruppen und Kommunitäten sein. So gewiß ein echtes geistliches Leben einen Menschen von innen her harmonisieren und dadurch genesen lassen kann, kommen doch zahlreiche seelische Erkrankungen (z.B. die »ekklesiogenen« Neurosen) gehäuft gerade unter den ernst strebenden Christen vor. Schließlich brauchen auch Seelsorger und Ärzte selbst geistliche Beratung und Stärkung.
Wir bilden eine ebenso kleine wie harmonische und nicht nur dem Namen nach ökumenische Gemeinschaft, in der wir besonders auch Ärzte sammeln unter den Aufgaben einer biblischen Seelsorge und Meditation.

Dr. Dr. Klaus Thomas

Das Lied des Lukas-Ordens

Weh', Gottes Heil'ger Geist,
füll mich mit Leben neu,
daß ich nur tu, was Du mich heißt,
und liebe wie Du so treu!

Weh', Gottes Heil'ger Geist,
bis rein und frei das Herz,
bis jede Sündenfessel reißt,
bis still wird jeder Schmerz.

Weh', Gottes Heil'ger Geist,
bis mein Herz völlig Dein,
bis es in Liebe glüht und gleißt
in heiligem Feuerschein.

Weh', Gottes Heil'ger Geist,
bis in der letzten Zeit
ein neues Lied Dich höher preist
in sel'ger Ewigkeit.

Pfarrer-Gebetsbruderschaft (PGB)

Geschäftsstelle: Im Paradies 10, 3550 Marburg, Tel. (06421) 8 33 25

Pfarrerbruderschaft für Pfarrer, Pfarrerinnen und Vikare
ca. 1000 Mitglieder, in der BRD und der DDR, sowie in der Schweiz, in Österreich und im Elsaß
1913 gegründet in Halle als »Pastoren-Gebetsbund«,
nach 1945 umbenannt in »Pfarrer-Gebetsbruderschaft«.

Daneben als selbständige Organisation:
»Pfarrfrauenbund« mit 1200 Mitgliedern (dazu 250 in der DDR),
1916 gegründet als »Pfarrfrauen-Schwesternbund«.

Impulse
Pietismus und Erweckungsbewegung.

Geistliches Leben
Tägliche Bibellese und Gebet; bruderschaftliches Zusammenkommen in kleinen örtlichen Kreisen zum Hören und Austausch über der Schrift und gemeinsamem Gebet, zu seelsorgerlichem Einstehen füreinander sowie zu brüderlicher Hilfe im praktischen Dienst; Fürbitte für die Brüder; Opfer für die Aufgaben der Bruderschaft; Teilnahme an den Tagungen u.a.
Die Geistlichen Lebenslinien der Bruderschaft wurden 1957 in Dassel neu formuliert; 1984 kam eine Biblische Grundlegung der Lebenslinien heraus.

Aufgaben
Neben der seelsorgerlichen Aufgabe geht es auch um Fragen der Kirche und der Theologie, z.B. geistlich erwecklicher Gemeindeaufbau im Rahmen der Volkskirche, rechte Auslegung der Schrift, Frage

nach der persönlichen Existenz des Pfarrers und seiner Ehe und Familie.
Seit 1961 zweimal jährlich Ferienseminare für Theologiestudenten.
In letzter Zeit Pfarrerseminare, Seniorenrüsten, Begegnungstreffen für Vikare und einzelne theologische Studienkreise.
Zweimonatsschrift »Theologische Beiträge«.

Bruderschaft unter Pfarrern

Der Anfang
Im Frühjahr 1913 schlossen sich in Halle/Saale etwa 40 Pfarrer zu einer Gemeinschaft zusammen, die sie Pastoren-Gebetsbund (PGB) nannten. Ihre geistlichen Wurzeln hatten sie im Pietismus und in der Erweckungsbewegung. Ernst Modersohn gehörte dazu und Walter Michaelis, Alfred Christlieb, Theophil Krawielitzki, Ernst Lohmann, Ludwig Thimme u.a. Es war diesen Männern deutlich, daß auch für einen Pfarrer das wichtigste die lebendige Verbindung mit Jesus Christus, dem auferstandenen Herrn, ist. Sie haben erkannt, daß gerade der Pfarrer persönliche Seelsorge und verbindliche Bruderschaft nötig hat, wenn er in seinem Glauben nicht Schaden nehmen und in seinem Amt nicht in hoffnungslosen Leerlauf geraten will. So kamen sie zusammen zum Hören auf das Wort der Schrift und gemeinsamem Gebet, übten untereinander das neutestamentliche Amt des Tröstens und Ermahnens, der Beichte und Absolution und tauschten ihre Erfahrungen in der Gemeindearbeit aus. Wesentliche Impulse gingen von den jährlichen Reichstagungen aus.
Seit jenen Tagen ist es der Pfarrer-Gebetsbruderschaft bewußt, daß das neue Leben aus Gott, das uns im Heiligen Geist durch die Versöhnung Jesu Christi am Kreuz und seine Auferstehung geschenkt ist, und die persönliche bleibende Lebenshingabe an ihn Grundelemente auch im Leben und Dienst des Pfarrers sind.

Ausweitung
Inzwischen hat sich die PGB überall im deutschsprachigen Raum, im Elsaß, in Österreich und der Schweiz, ausgebreitet. Nach dem Zweiten Weltkrieg wurde die Arbeit von Männern wie Erich Schnepel und Theodor Brandt neu inspiriert. Seit dieser Zeit haben auch Theologinnen den Weg in die PGB gefunden. 1945 erfolgte die Umbenennung in Pfarrer-Gebetsbruderschaft, und 1957 wurden in Dassel die geistlichen Lebenslinien der Bruderschaft neu formuliert, zu denen tägliche Bibellese, persönlicher Umgang im Gebet mit dem lebendigen Herrn, Bereitschaft zu gegenseitiger Seelsorge und Beichte, Teil-

nahme an den Tagungen der Bruderschaft, Fürbitte füreinander, Bereitschaft zum finanziellen Opfer, helfendes Bemühen auch um die anderen Pfarrbrüder sowie der Wille zu theologischer Arbeit und die Bereitschaft zu einem geistlich-erwecklichen Gemeindeaufbau innerhalb der Volkskirche gehören.

Neue Aufgaben

Die sich ändernde Situation in Theologie und Kirche hat auch die PGB immer wieder vor neue Aufgaben gestellt.

Seit dem letzten Weltkrieg sind dies die Fragen nach lebendiger Gemeindeerneuerung. Hier gaben die Erfahrungen Erich Schnepels aus seiner Arbeit der Stadtmission im Berliner Osten und nach dem Kriege in Großalmerode bei Kassel wichtige geistliche Anstöße. Diese Ansätze versucht die Bruderschaft der heutigen Situation entsprechend weiterzuverfolgen.

Als nach 1945 die Frage nach der Entmythologisierung und existentialen Interpretation der Schrift die Lehrstühle der Universitäten weitgehend beherrschte, erkannte die Bruderschaft die Notwendigkeit, mit wissenschaftlichem, geistlichem Ernst um die Wahrheit der Heiligen Schrift und ihre klare Verkündigung zu ringen. Dieses theologische Bemühen erstreckt sich heute auch darauf, in den existentiellen ethischen Herausforderungen der Gegenwart einen biblisch gegründeten Weg zu finden.

So fanden seit 1961 unter der Initiative und Leitung von Erich Schnepel, Hermann Risch, dem ersten hauptamtlichen Mitarbeiter, und Otto Rodenberg die ersten Ferienseminare für Theologiestudenten statt. Seitdem sind weit mehr als 1400 Studenten durch diese zweimal im Jahr stattfindenden jeweils zehntägigen Seminare gegangen und haben dort Hilfe in Krisen ihres Studiums und Orientierung für ihren späteren Dienst gefunden.

Inzwischen hat die Bruderschaft aus eigenen Opfern zwei hauptamtliche Theologen anstellen können, einen Generalsekretär für den geistlichen Zusammenhalt in der Bruderschaft, für seelsorgerliche Besuche und für Kontaktpflege nach außen, sowie einen Theologischen Referenten für die Arbeit mit Studenten und die Redaktion der theologischen Zeitschrift. In dieser Zweimonatszeitschrift »Theologische Beiträge« hat die PGB eine literarische Plattform geschaffen, auf der Grundprobleme der wissenschaftlichen Theologie im Horizont der Gemeinde von einem biblisch reformatorischen Ansatz her diskutiert werden. Innerhalb der Bruderschaft dienen die etwa dreimal jährlich erscheinenden »Persönlichen Mitteilungen« dem Zusammenhalt und der geistlichen Ausrichtung.

Neben die Ferienseminare treten neuerdings einwöchige Pfarrerseminare, in denen im Rahmen einer Ortsgemeinde Fragen des Gemeindeaufbaues und der Seelsorge durch Verbindung von theologischer Reflexion und konkreter Gemeindepraxis aufgearbeitet werden.
Da in der Gegenwart die Frage nach der persönlichen Existenz des Pfarrers im Zusammenhang mit seiner Ehe und Familie ein neues Gewicht bekommen hat, wird einigen Bezirkstagungen durch Einladung nicht bloß der Ehefrauen, sondern auch der Kinder ein familiengemäßer Charakter gegeben, um so den Pfarrern auch auf diesem Gebiet eine seelsorgerliche und praktische Hilfe zu bieten, ohne daß dabei die ernsthafte theologische Arbeit vernachlässigt wird.

Das Ziel
In einer Zeit immer stärker werdender Verunsicherungen sieht die PGB ihren Auftrag darin, den innerlich oft alleinstehenden und angefochtenen Pfarrern, Vikaren und Theologiestudenten beiderlei Geschlechts auf der Grundlage der Heiligen Schrift und der lebendigen Beziehung zu Jesus Christus Hilfe und neue Zuversicht für ihren Dienst in der heutigen Situation zu vermitteln.

St. Athanasius-Bruderschaft

Pastor Werner Hasselmeier, Billhorner Mühlenweg 31, 2000 Hamburg 28, Tel. (040) 78 66 75

Bruderschaft von Pastoren und Diakonen in lutherischen Kirchen und Gemeinden
29 Mitglieder
Bischöflicher Leiter: Pastor Karl Heinz Zierenberg
Prior: Pastor Werner Hasselmeier
1966 von Pastor Prof. Dr. Dr. Helmut Echternach ins Leben gerufen.

Impulse
Hervorgegangen aus dem »Lutherischen Konvent Hamburg«.

Geistliches Leben
Das lutherische Bekenntnis wird verstanden als Ausdruck des Glaubens der Einen Kirche. Erkenntnisse aus dem ökumenischen Dialog sollen in bruderschaftlichem Leben verwirklicht werden. Apostolische Sukzession in der Lehre und Amtsnachfolge gelten als Zeichen der Kontinuität und Einheit der Kirche.

Aufgaben
Erneuerung des Gemeindelebens aus der Gegenwart und dem Wirken Jesu Christi in Verkündigung, Eucharistie und Amt der Kirche, Bemühen um die Wiedervereinigung der getrennten Christenheit durch geistliches Leben und Wirken der Brüder in bruderschaftlicher Bindung.

Die Kraft des Segens

Der einmal erteilte Segen ist unwiderruflich – wie alle Taten Gottes; wie alles, was einmal geschah. Das ist an sich selbstverständlich. Aber es wird besonders deutlich durch die Konsequenz des linearen biblischen Zeitbegriffs, und es muß heute mit besonderem Nachdruck unterstrichen werden angesichts der neuzeitlichen Tendenzen zur Unverbindlichkeit und Geschichtslosigkeit. Für die Bibel erstreckt sich alle Zeit von einem konkreten Anfang zu einem konkreten Ziel. »Ich bin das A und das O.« Der Weg der Menschheit führt von Gott mit Gott zu Gott. Darum ist jeder Tag und jeder Augenblick einmalig, Gabe und Aufgabe, Raum des göttlichen Handelns, das den Menschen aufruft zur transzendentierenden Existenz.
Nachdem Abraham einmal gesegnet wurde, konnten seine Nachkommen nie wieder ein Volk unter anderen werden; die ruhelose Wanderung des Erzvaters zeichnet ab, was dem Gottesvolk des Alten und des Neuen Bundes widerfahren wird. Die unentrinnbare Macht des Segens führt Israel nach Ägypten und in das babylonische Exil – und immer wieder heraus. Der Segen liegt – so sieht es Paulus in seiner großen Geschichtsschau – seit dem Karfreitag als Fluch und Gericht über Israel, aber nur, um am Ende seine Heilsmacht um so gewaltiger zu offenbaren. Auch der Fruchtbarkeitssegen der Schöpfung »Seid fruchtbar und mehret euch« wirkt noch jetzt inmitten aller Zerstörungen des Weltalls, im Wachsen des Unkrauts und des Minderwertigen oder des gegen Gottes Gebot empfangenen Kindes und in der mörderischen Vermehrung der Bakterien – in Fluch verkehrt. Vielmehr: Fluch und Segen sind bis zur Unkenntlichkeit ineinander verwoben. Der Segen, der den Menschen die Herrschaft über die Erde gab, bleibt auch nach Fall und Sintflut bestehen, aber er ist weithin zum Fluch der Welt geworden. Darum muß aller Segen ständig neu gesegnet werden. Darum die Häufigkeit des Segens!
Der Segen ist immer Gabe und Aufgabe zugleich. Er ist immer im vollsten Sinn über uns: als beanspruchende Forderung und als verheißendes Geschenk. Er ist niemals »verfügbar«, sondern er verfügt über uns. Worin die Forderung besteht, ergibt sich aus dem früher Gesagten: Segen und Anbetung sind ein Wort. Segen entspringt aus

der Gottesverehrung und mündet in sie ein. Darum entfaltet der Segen seine Kräfte nur, wenn der ganze Wille des Gesegneten sich darum müht. Andernfalls verdirbt er und wird zum mörderischen Gift – ähnlich wie Nahrung, die der Körper nicht verdauen kann. Hier wie überall ist die große göttliche Forderung nach totaler theozentrischer Existenz – die erst in den Details konkret und ernst wird – der einzige Boden, auf dem wir ohne die Gefahr theurgischer Mißverständnisse das Evangelium hören können, im ganzen und in seinen Einzelheiten: Dogmen, Sakramente, Segen, Kirche, Amt. Alles das sind Gnadengeschenke, und nur wer im steten Kampf um das 1. Gebot und in der furchtbaren Not dieses Kampfes steht, kann sie begreifen und empfangen.
Segen kann erteilt und empfangen werden nur auf dem Boden der Kirche. Nur innerhalb objektiver Begrenzungen, die alle das Subjektive zum Persönlichen erheben. Denn nur in der Übernahme der Begrenzungen durch seinen schöpfungsmäßigen und heilsgeschichtlichen Ort, in ihrer Erkenntnis und Bejahung ist der Mensch, was er ist: Ebenbild Gottes, Spiegel seiner Herrlichkeit.

Aus: Helmut Echternach, Segnende Kirche. [1]1968. [4]1983, S. 76ff

Dem Gottesdienst verpflichtet

Die St. Athanasius-Bruderschaft sieht Sinn und Mitte des neuen Lebens in Christus im Lobpreis des Dreieinigen Gottes. Der verpflichtet sie dem Gottesdienst und der kirchlichen Lehre.
Die Brüder wollen an dem Ort, an den sie gestellt sind, den ihnen anvertrauten Gemeinden dienen als Helfer zum Heil und sie vor falscher Lehre und Unordnung bewahren. So fügen sie sich dem geistlichen Anliegen der Kirchen und Gemeinden ein, in denen sie leben.
Die geistliche Gemeinschaft der Brüder findet ihren Ausdruck in der gemeinsamen Feier der Eucharistie und des Stundengebetes. Sie erfordert regelmäßige Zusammenkünfte, die mindestens viermal im Jahr stattfinden sollen. Diese dienen der geistlichen Übung sowie der theologischen Weiterbildung.
Im übrigen sollen die Brüder die Heilige Messe sonntags und, wenn möglich, auch an Wochentagen mit ihrer Gemeinde feiern; das Stundengebet halten und das Gebet für die Brüder; täglich die Heilige Schrift lesen; an jedem Freitag das Leiden des HERRN meditierend sich vergegenwärtigen; regelmäßig beichten. Auf dieser Grundlage verstehen und versehen die Brüder ihren Dienst in der Welt.
Die Bruderschaft bemüht sich, Gemeindeglieder, die für das ökumenische Anliegen offen sind und sich den Zielen der Bruderschaft verbunden fühlen, zusammenzuführen und im geistlichen Leben zu fe-

stigen. Sie werden eingeladen zu einmal im Jahr stattfindenden Einkehrtagen und erhalten in Abständen geistliche Briefe.

Aus der Ordnung der St. Athanasius-Bruderschaft

St. Jakobus-Bruderschaft

Gichenbachstraße 9, 6412 Gersfeld-Dalherda, Tel. (06656) 85 66

Bruderschaft katholisch ausgerichteter evangelischer Christen
»Zweiter Kreis« auch für Katholiken und andere
26 Mitglieder (Männer und Frauen)
Leitung: Der Bruder Obere, alle 3 Jahre neu gewählt
1964 herausgewachsen aus dem 1960 gegründeten »Bund für evangelisch-katholische Wiedervereinigung«.

Impulse
Orientierung gibt das Beispiel Jakobus', des Vorstehers der Urgemeinde, der in seinem Brief zum konsequent gelebten Glauben ruft. Nach Auskunft der Apostelgeschichte wies er für das Zusammenleben der Heidenchristen mit den Judenchristen den erleichternden Weg.
Für eine wieder vereinte Christenheit könnte dies bedeuten: Größtmögliche Freiheit in der Frömmigkeitsausübung; doch sollte dabei gelten, was in der einen heiligen apostolischen Kirche Grundüberzeugung ist, wie das Festhalten der Wesensverwandlung der eucharistischen Elemente in Leib und Blut Christi, der bleibende Petrusdienst zur Bewahrung und Stärkung der inneren Einheit der Kirchen und die Ehrung Mariens nach ihrer besonderen Stellung im göttlichen Heilsplan.

Geistliches Leben
Leitmotiv sind die »Evangelischen Räte« je nach Stand. Alle zwei Jahre Verpflichtungserneuerung.
Leben aus dem Geist einer Regel:
Tägliches Gebet für die Einheit, für das vier Formen zur Wahl gegeben sind. Tägliche Bibellesung nach der in der Kirche vorgegebenen lectio continua. Persönliche Beichte und Absolution (Seelsorger, Helfer).
Eine mehrtägige Rüstzeit jährlich ist verbindlich. Teilnahme an weiteren Einkehrveranstaltungen wird empfohlen.
Gebete bei den Zusammenkünften nach der Ordnung der lutherischen Tagzeitengottesdienste. Feier der evangelischen Messe in An-

lehnung an die lutherische »Form B« unter Verwendung liturgischer Texte der katholischen Gemeindemesse.

Aufgaben und Einrichtungen
Brückendienst zwischen den Konfessionen. Gebetsdienst für die Einheit.
Hans-Asmussen-Haus in Dalherda (Rhön) für Begegnung und Einkehr.

ÜBER MAUERN SPRINGEN

Mir kommt zu Zeiten immer wieder jener Morgen in Erinnerung, es war m.W. der 29. Dezember 1960, als in Fürsteneck die offizielle Gründung unseres Bundes anstand, zu der ich mit eingeladen war. Ich war mir zu dem Zeitpunkt durchaus noch nicht im klaren, ob ich dabei überhaupt mittun dürfe; ob das ganze nicht allzu gewagt, ein derartiger »Höhenflug« für mich jedenfalls nicht doch unvollziehbar sei. Da schlug ich zum Morgengebet mein Losungsbüchlein auf und fand darin das Wort für den Tag: Mit meinem Gott kann ich über die Mauer springen (Psalm 18,30). Sofort wußte ich, woran ich war: Gut, Herr, dann also sei's drum. »Über die Mauer« bedeutete für mich, die noch bestehende Trennmauer zur katholischen Kirche zu überwinden, diesen Sprung einfach zu riskieren, wenns auf mich zukäme. –

Viel haben wir seitdem erlebt. So manche Fragen haben sich uns unausweichlich gestellt. Es haben sich auch Wege eröffnet, zumeist ganz anders als wir vermutet hatten. Manche, die es damals mit uns angefangen haben, sahen sich veranlaßt, uns unterwegs den Abschied zu geben, während andere dazugestoßen sind. Für mich selbst darf ich sagen, daß ich in diesen zwei Jahrzehnten eine Menge gelernt habe. Zwei Dinge vor allem: 1. Es geschieht, was wir in Angriff genommen haben, in einem sehr weiten Raum, so daß wir nicht zu übersehen und abzuschätzen vermögen, was eigentlich im Laufe der Zeit dabei herausgekommen ist. Das erscheint mir durchaus gut so. 2. Unserer Arbeit sind deutlich Grenzen gesetzt worden. Das Wachstum geschah keineswegs so, wie manche das vielleicht erhofft und auch für existenznotwendig erachtet haben. Aber ist es nicht gut, auch hier wahrzunehmen, daß Seine Wege nicht unsere Wege sind? Wir haben gelernt, diese Grenzen als Wohltat und Hilfe anzusehen. Innerhalb dieser Grenzen heißt es, sich eben auch dem scheinbar Geringen voll aufmerksam zuzuwenden.

Wilhelm Krückeberg (aus einem Rundbrief)

... Wir verstehen uns vom Herrn der Kirche gerufen, die Gewissen zu wecken, auch unsere eigenen, damit »Ökumene« nicht unter »ferner liefen« rangiert, sondern als Grunderfordernis glaubhafter Verkündigung der Frohbotschaft immer neu unverzüglich angegangen werde.

... Wir bekennen die eine heilige katholische und apostolische Kirche. Für uns ist »katholisch« nicht einfach identisch mit der Kirche von Rom, obwohl wir letztlich hier keinen Gegensatz aufbauen wollen. Vielmehr geht es uns um Abbau von Vorurteilen, ein gegenseitiges Aufnehmen von Gaben und Kräften, die der Herr seiner Kirche mitgeteilt hat, doch gewiß nicht zur Aufteilung, sondern immer neu zum gemeinsamen Nutzen (nach 1. Kor. 12,7).

Ein gegenseitiges Aufrechnen der Schuld muß endlich einer vorbehaltlosen Zuwendung in der Liebe weichen. Von unseren römisch-katholischen Mitchristen erwarten wir, daß sie ihr (von den anderen Christen leider oft so empfundenes) ausschließendes Denken von der Kirche aufgeben zugunsten einer Öffnung zu denen hin, die ungeachtet einer durch Menschen vorgenommenen Trennung dem einen Christus und damit Seiner Kirche zugehören. Von unseren evangelischen Mitchristen erwarten wir, daß sie endlich wieder begreifen, daß Luthers Ruf in die Kirche aus der einen Kirche kam und daß infolgedessen reformatorisches Kirchentum, zumal heute, nur dann eine Existenzberechtigung hat, wenn es sich uneingeschränkt zur katholischen Kirche bekennt und dies in seinem Handeln auch deutlich werden läßt.

... Es geht uns um Gemeinschaft der Kirchen. Das heißt nicht ein Ineinanderwerfen, wohl aber, sich als miteinander verknüpft ernstnehmen, wie es aus dem gemeinsam erfahrenen Anruf von Gott erwächst. – In der innerhalb unserer Gemeinschaft gewachsenen Gemeinsamkeit in Gebet und Gottesdienst (einschließlich der Eucharistie) lassen wir uns nicht stören, weil wir sie als Geschenk annehmen und als beispielhaft ansehen.

... Wir wissen um das Erfordernis der Einheit. Wir wissen aber aus eigener Erfahrung, wie schwer es ist, dauerhafte Einmütigkeit auch schon im überschaubaren Kreis zu realisieren. Wir gestehen, daß Trennungen von uns nicht ausgeblieben sind, so schmerzlich wir das erfuhren. Wir leiden damit in der Nachfolge des Herrn am eigenen Leib unserer Gemeinschaft an einem solchen betrübenden Sachverhalt, der mit den Schwächen unserer menschlichen Natur zusammenhängt. Auch das müssen wir demütig in das große Bemühen einbringen.

Wilhelm Krückeberg (aus einem Informationsblatt)

Gebet der St. Jakobus-Bruderschaft

Auf die Fürsprache des heiligen Jakobus,
des Märtyrers und Bekenners,
rufen wir Dich an: Du Allerhöchster!
Halte Deine Hand über die Bruderschaft,
segne und rüste uns
zum Dienst an der Einung der Kirche!
Laß uns Gemeinschaft finden mit allen,
die auf dem Wege sind;
gib rechte Weisung, ein Wirken in Deiner
Liebe und in Deiner Freude,
daß kommen möge der Tag,
da alle Gläubigen bekennen
den einen Hirten und die eine Herde
durch Jesum Christum, Deinen Sohn,
der mit Dir lebt und herrscht
in der Einheit des Heiligen Geistes
von Ewigkeit zu Ewigkeit. Amen.

Sende der Kirche Deinen Heiligen Geist –
mache sie zum Sakrament der Einheit für alle Menschen.

Sydower Bruderschaft

Siegfried Birschel, Stresemannallee 34, 3000 Hannover 1,
Tel. (0511) 88 26 91

Bruderschaft zunächst von Pfarrern, dann auch für Laien und Frauen
ca. 120 Mitglieder und Freunde
Leiter: Pastor Siegfried Birschel
1922 aus einer Freizeit für Pfarrer hervorgegangen, zu der Pfarrer Georg Schulz nach Sydow (bei Stendal) eingeladen hatte.

Impulse
Man fragte nach Grund und Auftrag der Kirche und des Pfarramts.

Geistliches Leben
Verpflichtung zu ernstlichem Gebet, täglichem Lesen in der Heiligen Schrift, Teilnahme an den Zusammenkünften der Bruderschaft und des Ortsringes.

Aufgaben
Die Sydower Bruderschaft »sieht ihre Aufgabe in der Durchdringung des kirchlichen und völkischen Lebens mit dem Geist der Bibel in der Ausprägung Martin Luthers« (Satzung). Sie müht sich um ein redliches Glaubenszeugnis in der Gegenwart.
Jährlich zwei Haupttagungen und monatliche Ortsringversammlungen in Braunschweig, Bremen, Soest (i.W.) und in der DDR.

Lied der Sydower Bruderschaft

Übermocht von Deiner Milde,
Eingefang'ne Deiner Macht,
sind wir eine Brudergilde,
innerst von Dir aufgebracht.

Du hast uns zum Raub genommen
mitten aus Empörer-Reih'n.
Brand, in Deinem Sohn entglommen,
will auch heute Feuer spei'n.

Laß uns Deinen Hammer werfen,
der den Widerstand zerschmeißt.
Laß an Deinem Wort sich schärfen
unser Wort in Deinem Geist.

Laß uns in der Liebe wagen,
anzuheben jede Last.
Schenke in den Niederlagen
Glauben, der das Kreuz umfaßt.

Laß uns zielen auf das Heute,
das Du ganz alleine bist.
Morgen – Gestern – Deine Beute!
Sieg sei Dir in Jesus Christ.

Georg Schulz, 1889-1954

2. Kommunitäten

Christusbruderschaft Selbitz

Am Wildenberg 23, Postfach 1260, 8677 Selbitz, Tel. (09280) 371

13 Brüder
130 Schwestern
Leitung: Br. Christoph Weis
Sr. Anna-Elisabeth Fleischmann
Sr. Rosemarie Jung
Sr. Renate Heckel
Pfarrer: Dr. Hans Häselbarth

Christusbruderschaft Falkenstein

Krankenhausstraße 26, Postfach 90, 8411 Falkenstein, Tel. (09462) 885

8 Brüder
14 Schwestern
Leitung: Sr. Ruth Dietrich
Br. Franz König

1949 Gründung der Christusbruderschaft in Schwarzenbach/Saale durch das Pfarrersehepaar Walter Hümmer (gest. 1972) und Hanna Hümmer (gest. 1977). 1984 Entstehung eines weiteren Zentrums zwischen Cham und Regensburg: Christusbruderschaft Falkenstein.

Impulse
Die Bruderschaft ging aus einer Erweckung in der Gemeinde von Pfarrer Hümmer (Schwarzenbach/Saale) seit 1940 hervor. Sie verbindet kirchliche, pietistische und liturgische Elemente. Im Mittelpunkt steht die Ausrichtung auf Jesus Christus, der das Vorbild ist.

Geistliches Leben
Bestimmend waren von Anfang an das Hören auf Gott, das gemeinsame und das einsame Gebet, die Stille Zeit, das Feiern des Heiligen Abendmahls. Täglich werden drei Gebetszeiten gehalten.
Die evangelischen Räte sind nicht Gesetz, sondern »Leuchtzeichen und Lebenselemente«; »sie sind die dreifache Ausstrahlung unserer Liebe zu Jesus Christus«.

Der Dienst geschieht in drei Grundlinien: Leiturgia, Martyria, Diakonia.

Aufgaben und Einrichtungen
Etwa die Hälfte der Brüder und Schwestern arbeitet in den eigenen Häusern: Mutterhaus, Gästehaus, Altenheim. Die anderen leben in Außenstationen und üben ihre Berufe – überwiegend im kirchlichen und diakonischen Dienst – aus.
Freizeiten für Männer, Frauen, Jugend und Studenten, überwiegend geprägt vom biblischen Austausch; Tage der Stille.
Schriften von Walter und Hanna Hümmer. Kleinschriften zum Thema Nachfolge und Gebet. Meditationen. Kunstkarten.

Beten

Beten ist Mühelosigkeit und Freude.
Du sollst dich freuen in Gott
und nicht seufzen,
als ob du eine schwere Arbeit
verrichten müßtest.

Beten ist das Jauchzen der Seele in Gott,
das Reden und Singen,
das Weinen des Kindes im Schoße der Mutter,
das Jubeln und Seligsein
in der Einheit des Geistes.

Gott will keine strengen Formen.
Wenn sie dir aber eine Hilfe sind,
sind sie in Wahrheit Liturgie,
und es bedarf oft solch feiner Ordnung.
Wo aber das Feiern und Ruhen begonnen hat,
da lasse Ihm Raum!
Er ist ein besserer Zuchtmeister
als alle Ordnungen der Menschen.

Hanna Hümmer

Liebe

Du bist Liebe,
Vater im Himmel;
so sagt Dein Wort.

Du bist Liebe,
so rufen wir alle
in unserer Schwachheit
und in unserer Kraft,
in guten wie in bösen Tagen.
Du bist Liebe,
heiliger Vater,
gütiger Jesus,
Heiliger Geist!
In diese Liebe hinein
sind wir alle geborgen,
mit unserem ganzen Leben,
das wir in Freude und Dank
vor Dir und mit Dir leben dürfen.
Du bist Liebe,
weil Du mitten unter uns bist,
weil Du unsere Schwachheit und Armut
nicht verachtest und nicht richtest.
Du umschließt und tröstest uns unendlich
mit Deiner heiligen Gegenwart.
Du bist Liebe,
heiliger Vater,
ewiger Gott,
dreieinige Liebe.

Hanna Hümmer

Christusträger (CT)

Christusträger-Bruderschaft
Darmstädter Straße 246, Postfach 3009, 6140 Bensheim-Auerbach, Tel. (06251) 7 30 33
31 Brüder

Christusträger-Schwesternschaft
Weinbergstraße 14, Postfach 3009, 6140 Bensheim-Auerbach, Tel. (06251) 7 21 43

40 Schwestern

1961 Gründung der Christusträger durch Pfr. Otto Friedrich und Erwin L. Klinge. 1963 Ausreise der ersten Schwestern nach Pakistan. 1976 Gründung der »Christusträger-Communität Schweiz« (CCS) mit Sitz in Rallingen am Thunersee (Brüder).

Impulse
Geistlicher Aufbruch im Jugendclub einer Gemeinde in Darmstadt: Man las das Evangelium und suchte nach praktischen Wegen der Verwirklichung, man wurde konfrontiert mit der Not in Übersee. In enger Wechselwirkung dazu kam es zu inneren Aufbrüchen, Bekehrungen, Hingabe des Lebens an Christus.

Geistliches Leben
Christus tragen – sich von ihm getragen wissen – sich von der Wahrheit des Evangeliums umtreiben lassen.
Die Christusträger leben nach den »Evangelischen Räten«, jedoch ohne Gelübde und Tracht.
Täglich drei Gebetszeiten. Besuch der örtlichen Gottesdienste.

Aufgaben, Einrichtungen, Stationen
Etwa die Hälfte der Brüder und Schwestern sind in Übersee eingesetzt, im Heimatland arbeiten sie in ihren Berufen bzw. in den eigenen Häusern und führen nebenberuflich evangelistische Einsätze und andere Gemeindeveranstaltungen durch. Dabei setzen sie vor allem ihre Musikgruppen (Bands) ein. Auch Produktion von Schallplatten. Gästehäuser in Bensheim (Brüder), Hergershof bei Schwäbisch Hall (Schwestern, 1976) und in Gut Rallingen am Thunersee (Christusträger-Communität Schweiz, 1976): für Mitarbeitergruppen, Rüstzeiten, Arbeitsgruppen, Familienfreizeiten.
Kleineres Haus in Mittelfischach bei Schwäbisch Hall (Schwestern, 1984) zur intensiven seelsorgerlichen Begleitung von Einzelgästen.
Niederlassung in Basel (Brüder, seit 1972) – auf Einladung der evang. reform. Kirche.
10 Stationen in Übersee: Afghanistan (Lepraarbeit und Allgemeinmedizin), Pakistan (2 Lepra-Krankenhäuser), Indonesien (Chirurgie, medizinisches Behandlungszentrum im Urwald, 2 Waisenhäuser), Zaire (Allgemeinmedizin, Buschhospital), Argentinien (Schule mit Internat, Krankenpflegestation und Landwirtschaft im Chaco, 3 Kinderheime), Brasilien (Kindertagesstätte, orthopädische Schuhwerkstatt).

Selbständige Arbeitszweige der Christusträger
»Christusträger-Waisendienst« (1968): Versorgung von Waisen, Vermittlung von Patenschaften in Pakistan, Indien, Indonesien, Argentinien und Brasilien.
»Christusträger-Sozialwerk« (1973): Alten- und Pflegeheim Haus Morija in Alsbach (Schwestern).

Musikgruppen im Dienst der Evangelisation

Aus der ersten Neuentdeckung des Singens und der neuen Lieder, die unserem neuen Lebensrhythmus entsprachen, entwickelten sich im Lauf der Jahre mehrere Musikgruppen für die missionarischen Aufgaben... Wir konzentrieren uns dabei seit Jahren auf vollständige Evangelisations-Wochen. Dazu fahren wir teils nachts heim, um tagsüber unsere Berufsarbeit ausüben zu können, teils nehmen wir unbezahlten Urlaub.

Uns liegt nichts an Konzerten, aber alles an echter Evangelisation. In einem bunt gemischten Musik- und Liedprogramm von etwa zwei Stunden ist eine halbstündige Predigt die Regel und ein persönlicher Bericht. Dazu wechseln sich die Musiker ab.

Wir erleben dabei seit Jahren, daß wir als Berufstätige und mit den Instrumenten in der Hand guten Zugang zu den Jugendlichen und erwachsenen Hörern haben, mit aufmerksamer Stille bei den Redeteilen. Wichtig ist uns dann ohnehin noch der zweite Teil des Abends, wo wir samt den örtlichen Mitarbeitern versuchen, mit den Gästen ins Gespräch zu kommen. Dazu werden immer Getränke und oft noch originelle Backwaren oder Obst angeboten.

Diese Wochen sind für uns und für die regionalen Mitarbeiter eine große Anstrengung, gerade auch wegen der in der Regel intensiven und langen Nachtgespräche. Sie erfordern darum ein großes Maß an innerer und äußerer Konzentration... Wir erfahren auch bei diesen Veranstaltungen, wie sehr wir das Tatzeugnis unserer Brüder und Schwestern draußen bei den Armen brauchen...

Als Steigbügel für unseren Anspruch, als Christen zu sprechen, ist das Zeugnis unseres Engagements in Übersee eine große Hilfe. Ist es nicht auch das, was Jesus am Anfang der Bergpredigt nach den Worten von Salz und Licht sagt: Laßt euer Licht leuchten vor den Menschen, damit sie eure guten Werke sehen und den Vater im Himmel preisen...

Die »Christusträger« sind eine bunte Mischung. Wir suchen größtmögliche innere Sammlung, äußerste Konzentration aller Kräfte auf die Förderung des Reiches Gottes – hierzulande bei Evangelisationen, Altenpflegearbeit, Retraiten, Rüstzeiten und in Übersee in den Diensten bei Armen, Kranken und Kindern.

CT-Bruderschaft

Medizinische Station in Indonesien

Nun sind wir schon zwei Jahre in Tumbang Marikoi im tiefen Urwald von Mittelkalimantan/Indonesien. Unser Schwesternhaus und die angrenzende Poliklinik sind Pfahlbauten, da der Kahayanfluß in der Regenzeit immer wieder über die Ufer tritt. Wir sind rings von dich-

tem tropischen Wald umgeben. Die Affen kommen bis an unser Haus, und wir müssen aufpassen, daß sie uns nicht die besten Früchte aus dem Garten holen.
Von mehr als zwanzig Dörfern aus der Umgebung kommen die Patienten in unser Behandlungszentrum. Außer den auch in Deutschland auftretenden Krankheiten bekämpfen wir hier besonders Malaria, Tuberkulose, Fehlernährung und durch Würmer verursachte Erkrankungen; hinzu kommt die Versorgung von Verletzten durch mancherlei Unfälle bei der Jagd, bei Bootsfahrten (der Fluß ist ja der einzige Verkehrsweg bei uns) oder durch Herabstürzen von den hohen Palmen beim Pflücken der Kokosnüsse.
Bei unseren Hausbesuchen sehen wir oft, daß das ganze Haus vollbehängt ist mit den verschiedensten Fetischen. In der Regel versuchen die Leute zuerst einmal diese »Behandlung«, um gesund zu werden, bevor sie zu uns kommen. Bei besonderen Krankheitsfällen wird ein Zauberer gerufen, der unter lautem Trommeln und wildem Schreien die Geister zur Hilfe herbeiruft. Dabei erhalten die Kranken entweder ein kleines Stück Holz, Zähne, in Stoff eingenähte Haare, Perlen oder Fläschchen, die sie sich umbinden und so im wahrsten Sinne des Wortes an die bösen Mächte gebunden werden. Um diese bösen Mächte zu besänftigen, werden Blutopfer von Hühnern und Schweinen dargebracht.
Wir sind dankbar, daß das Vertrauen zu uns langsam wächst und wir den Menschen in ihren Nöten Hilfe bringen können. Täglich machen wir neben unserer Arbeit in der Poliklinik auch Hausbesuche; in der Regenzeit sind wir, je nach Wasserstand, in Gummistiefeln oder gar im Paddelboot unterwegs.
Gott hat uns gerufen, sein Licht in die Finsternis zu tragen. So freuen wir uns, daß es am Ort eine kleine christliche Gemeinde gibt, in der wir mitarbeiten. Ein junger, einsatzfreudiger Pfarrer der evangelischen Kalimantankirche kann uns nur alle paar Monate besuchen, um mit uns Gottesdienst zu feiern und die wenigen Christen zu ermutigen, da er für ein sehr großes Gebiet zuständig ist und die Verkehrsverbindungen schlecht und sehr zeitraubend sind. Jeden Sonntag versammeln sich, seit wir hier sind, viele Jungen und Mädchen zum Kindergottesdienst. Wenn unsere beiden indonesischen Schwestern die biblischen Geschichten erzählen, hören sie mit großer Aufmerksamkeit zu. Sie singen mit Begeisterung Lieder von Jesus, die nicht nur in der Kirche zu hören sind, sondern immer wieder auch aus den dunklen Hütten erklingen.
Zusammen mit den Christen Kalimantans glauben und bekennen wir: JESUS MENANG – JESUS SIEGT!

CT-Schwesternschaft

Ich möchte dein Wort für heute versteh'n,
mit dir will ich durch diesen Tag geh'n,
in meinem Reden und Tun soll man dich seh'n,
Jesus, du mein Helfer und Herr.

1. Du willst mich durch den Tag begleiten
   und mich mit deinen Augen leiten.
2. Ich will mich dir ganz anvertrauen
   und froh und mutig vorwärts schauen.
3. Menschen, die mir nun heut begegnen,
   möcht ich in deinem Namen segnen.
4. Wo wir als deine Zeugen handeln,
   willst du durch uns die Welt verwandeln.

Astrid Henniges, Hergershof

Communität Casteller Ring (CCR)

Schloß Schwanberg, 8711 Rödelsee, Tel. (09323) 320

Frauenkommunität
39 Frauen
Leitung: Priorin Maria Pfister (seit 1968)
Pfarrer: Dr. Johannes Halkenhäuser
1950 von Christel Schmid (gest. 1970) und Maria Pfister in Castell (Unterfranken) gegründet; hervorgegangen aus der Jugendarbeit des Bundes Christlicher Pfadfinderinnen. Seit 1957 auf Schloß Schwanberg.

Impulse
Anstöße kamen aus dem geistlichen Erbe von Wilhelm Löhe, aus den kirchlichen Erneuerungsbewegungen dieses Jahrhunderts (Hochkirchliche Vereinigung, Michaelsbruderschaft), aus der Jugendbewegung (Bund Christlicher Pfadfinderinnen) und aus dem Benediktinertum.

Geistliches Leben
Die Evangelischen Räte:
Völlige Gütergemeinschaft bedeutet Teilen aller materiellen, geistigen und geistlichen Güter. – Die frei gewählte Ehelosigkeit um des

Himmelreiches willen gibt Freiheit zur größeren Verfügbarkeit. – Der mündige Gehorsam ist bezogen auf Gemeinschaft und Regel, zugleich auf die Einordnung in den Christusleib der Kirche.
Leitwort: »Frei sein für Gott und das Kommen seines Reiches in der Gemeinschaft der Communität zum Dienst in der Welt.«
Vier Stundengebete ordnen den Tag. Häufiger Empfang des Altarsakraments.

Aufgaben und Einrichtungen
Tagungs- und Bildungsstätte Schloß Schwanberg e.V. (75 Plätze).
Private Berufsfachschule mit Berufsaufbauschule und Internat (90 Schülerinnen).
Zwei Stationen:
München-Schwabing: Teestube Makarioi
Nürnberg: Gemeindearbeit und (über-)regionale Meditationsangebote.
Angebote auf Schloß Schwanberg:
Tage biblischer Besinnung, Meditationstagungen, Urlaubsgemeinschaften, Familienfreizeiten, Jugendprogramme, Einzelretraite.
Experiment Gemeinschaft (Diakonisches Jahr): Möglichkeit des Kennenlernens der CCR für junge Frauen (Termin nach Vereinbarung).
Veröffentlichungen: Schwanbergbrief, Schwanberger Reihe – Anregungen zum geistlichen Leben (bisher 13 Hefte), diverse Faltblätter.

Die Chance unseres neuen Ordenshauses

Ich habe die Ordnung unserer Profeß (Feier der endgültigen Bindung an die Communität) zur Hand genommen und mich gefragt, was dieses Haus für unser inneres Leben bedeuten kann.
»Unser gemeinsamer Weg führt in die Nachfolge des Herrn durch die Teilnahme an seinem Tod und seiner Auferstehung zur Fülle seiner Herrlichkeit.
So frage ich Dich vor Gott und unserer Gemeinschaft: Willst Du in allem Gott suchen, Christus nichts vorziehen und Dein Leben unter der Führung des Evangeliums gestalten?«
»Ja, ich will.«
Der Mittelpunkt unseres Lebens ist die Kapelle mit dem viermaligen täglichen Gotteslob, der gemeinsamen Schriftlesung und der häufigen Feier der Eucharistie. Das Gegengewicht dazu bildet das Leben in der »Zelle« mit der Gebetsecke und der Zeit der persönlichen geistlichen Betrachtung. Es gibt in diesem Haus ausgesonderte Zeiten, in denen eine jede sich zurücknehmen und auf Gott hin sammeln kann.

Es gibt ein kleines Silentium, das diese Zeiten schützt, und ein großes nächtliches Silentium, das erst wieder mit dem Morgenlob in der Kapelle endet.

»Willst Du daran arbeiten, daß Christi Gestalt im täglichen Zusammenleben durch Dich sichtbar wird?«

»Ja, ich will.«

Wer bin ich und wie hat Gott mich gewollt? Dieser Frage muß sich jede von uns stellen. Durch die Begegnung mit der Schwester, den Gästen und den Hausbewohnern lerne ich mich mit meinen Gaben und Begrenzungen kennen. Ich kann dabei die Erfahrung machen, daß neue Kräfte, daß die Auferstehungskräfte Jesu Christi an mir wirken, daß die Gestalt Jesu Christi durch mich hindurchbricht. Das geht nicht ohne Arbeit und ohne Schmerz. Es ist ein langer Weg bis in unsere Todesstunde hinein. Als Hilfe auf diesem Weg erleben wir das offene schwesterliche Gespräch, die Rechenschaft in der Communität und die Einzelbeichte. Dabei ist mir ein Wort aus der Regula St. Benedikt besonders wichtig: »An der Barmherzigkeit Gottes niemals verzweifeln« (Kap. 4,74).

»Willst Du in Ehelosigkeit, in Gütergemeinschaft und in mündigem Gehorsam mit uns leben?«

»Ja, ich will.«

Hier haben wir die sogenannten drei Evangelischen Räte vor uns, wie sie uns Lebenswirklichkeit geworden sind:

Die Ehelosigkeit verstehen wir als volle Lebenserfüllung. Jesus Christus ist das große DU unseres Lebens und ER hat Fülle genug, um auch unser kreatürliches Menschsein zu entfalten und zu erfüllen.

Die Gütergemeinschaft sehen wir total, d.h. wir sind uns einander schuldig mit allem, was wir sind und haben. Neben dem Leben in der großen Gemeinschaft haben wir uns in sechs kleine Gruppen aufgegliedert, in denen wir uns zu bestimmten Mahlzeiten und zur Gruppenstunde treffen. Hier werden Fragen der finanziellen Gütergemeinschaft, aber auch zwischenmenschliche und seelsorgerliche Fragen besprochen. Die Zusammensetzung der kleinen Gruppen wechselt von Zeit zu Zeit, sie sind uns durch die stärkeren personalen Bezüge eine große Hilfe.

Der mündige Gehorsam wird gelebt in Anerkennung unserer Ordnungen, der gewählten Priorin und der dazugehörigen Ämter (Subpriorin, Magistra u.ä.). Daneben steht der Schwesternrat (alle Professen) und der Seniorat (ein kleiner daraus gewählter Kreis). Es geht beim mündigen Gehorsam darum, daß eine jede mitverantwortlich ist und sich nach Möglichkeit in das Ganze einbringt. Das erfordert aber zugleich Einordnung in das Ganze und Anerkennung der Realitäten und Sachzwänge.

»Willst Du in wacher Verantwortung mit Deinen Schwestern leben und ihnen die Treue halten in guten und in schweren Tagen?«

»Ja, ich will.«

»Seid nüchtern und wachsam. . .« (1. Petr. 5,8), so beten wir jeden Abend in der Komplet. Wir wollen einander nicht nur auf Distanz in diesem Haus begegnen, sondern uns aufeinander einlassen. Wir tragen Verantwortung füreinander und halten viel von dem Wort: »Treue ist mehr als Liebe.« Es geht darum, beieinander auszuhalten, nicht nur in guten, sondern auch in schweren Tagen, und dadurch in das Geheimnis des Weizenkorns (Joh. 12,24) hineinzuwachsen.

»Willst Du in Gemeinschaft mit diesen Deinen Schwestern auf Lebenszeit in der CCR ausharren?«

»Ja, mit Gottes Hilfe.«

In diesem Haus wollen wir miteinander leben bis zum Tode. Es mag Schwestern geben, die für Jahre anderswo arbeiten, aber hier ist ihr Heimathaus, in das sie immer zurückkehren können. Hier gibt es auch eine kleine Pflegestation und die Möglichkeit, am Lebensabend unter den Schwestern in der Sonne zu sitzen. Von hier aus ist kein weiter Weg in den Park und zum Friedhof. Und dann öffnet sich im Hinübergang das Dach des Zeltes, und es ist keine Glasscheibe mehr dazwischen.

Die Profeß-Urkunde, die bei uns im Tresor dieses Hauses aufbewahrt wird, und die eine jede Schwester eigenhändig schreibt und auf den Altar legt, lautet:

»Ich glaube und bekenne, daß ich durch die Heilige Taufe Eigentum Jesu Christi bin und mich durch Zeichen Seiner Gnade berufen weiß zu einem Leben der völligen Hingabe in Ehelosigkeit, in Gütergemeinschaft und in mündigem Gehorsam nach der Ordnung der Communität Casteller Ring.

(Hier fügt die Professe einen persönlich formulierten Satz ein).

So übergebe ich heute und für alle Tage mein Leben Christus, meinem Herrn. Ziel meines Lebens ist, ungeteilt frei zu sein für Gott und für das Kommen Seines Reiches. Ich will in der Gemeinschaft der Schwestern leben und weiß mich gerufen zum Dienst in der Welt.«

»Herr, nimm mich auf, wie Du versprochen hast, und ich werde das Leben haben. Herr, laß mich in meiner Erwartung nicht zuschanden werden!«

Priorin Maria Pfister CCR
(Schwanbergbrief 4/1980)

Ich habe in den 30 Jahren, in denen ich Glied unserer Communität bin, nach einfachen, gangbaren Wegen gesucht, um die Hand Jesu den Tag über nicht zu verlieren, um das Gespräch mit ihm nicht abreißen zu lassen. Dabei wuchs die Erfahrung, daß dieses Festhalten zur Gelassenheit, zur Gelöstheit, zum Engagement und zur Freiheit hilft. Freilich gibt es dabei ein Auf und Ab, aber es scheint mir sehr wichtig zu sein, diesen »Raum der Begegnung«, diesen Blickkontakt mit Jesus zu kennen und immer neu zu üben und zu erfahren.

1. Ich will nun versuchen, einige dieser kleinen Wege aufzuzeigen. Dabei ist mir wichtig: nicht jeder Weg ist für jeden richtig. Ich kann nur von Versuchen reden, die ich selbst geübt habe oder von denen ich in unserer Communität weiß. Ich wünsche Ihnen, daß Sie dann den Ihnen gemäßen Weg entdecken und zu ihm ermutigt werden.

– Da ist ein Satz, ein Wort, ein Gedanke aus dem Morgengebet oder aus der Morgenlesung: »Ich will ihn den Tag über behalten.« Dazu braucht es ein gewisses Training. Mir hilft es, wenn ich diesen Gedanken formuliere und aufschreibe. Dieser Psalmvers, diese Antiphone, dieses Schriftwort, diese Losung kann wie eine Melodie durch den Tag mitgehen. Ich versuche dann, tagsüber immer wieder in diesen Gedanken zurückzukehren. Mir hilft dabei die nächste Hore, um mir ihn wieder zu vergegenwärtigen und mich gleichsam neu und weiter entzünden zu lassen.

Man kann auch versuchen, Arbeitsereignisse mit diesem Gedanken zu konfrontieren. Das Gewicht einer Sache, der Blickpunkt dazu kann sich dadurch verändern!

– Versuchen Sie doch einmal, den Tag mit kurzen *Stoßgebeten* zu durchsetzen. Es können kleine, selbstgeformte Sätze, es können auch Stücke der Liturgie sein: »Herr hilf mir« – »Jesus, erbarme Dich« – »Kyrie eleison« – »Eile Gott, mir zu helfen« – »Herr, hab Dank« – »Du bist da« – »Sei bei mir« – »Jesus, mein Freund«.

Wichtig wurde mir, daß es dabei nicht nur um Bitte und Dank geht, sondern daß ich Worte finde, die den augenblicklichen Lebensraum zwischen Jesus Christus und mir ausdrücken: es können Liebesworte sein, Worte des Vertrauens, der Freundschaft und Hingabe, aber auch der Verzweiflung und Angst. Ich habe einmal von den »vier kürzesten Gebeten« gelesen, die man jeweils eine Woche durch bedenken sollte: »Du – Dir – Dich – Dein.«

– Ich habe gelernt, daß Gedankenbrücken und Gedankenverbindungen helfen können. Da kann ich üben, diese Stoßgebete jedesmal zu sprechen, wenn ich durch eine Tür gehe, wenn ich eine Uhr schlagen oder eine Glocke läuten höre. Da kann ich jedesmal, wenn das Tele-

fon klingelt oder jemand an meine Tür klopft, den kurzen Aufblick und Aufschrei vollziehen. Da ist eine Karte oder eine Kerze in meinem Zimmer, die mir diese Kontaktnahme signalisiert. Haben Sie schon einmal gemerkt, daß man auch zum Rhythmus des Automotors beten, singen oder Litaneien erfinden kann?
Dabei ist mir wichtig: Wir können so üben, uns kurz zurückzunehmen, einen Augenblick inne zu halten, zu uns zu kommen. Wir können bei uns (nicht außer uns) sein.
– Eine große Hilfe ist mir seit Jahren das *Jesus-Gebet*. Es ist in etwas verschiedenen Fassungen bekannt, etwa so: »Jesus Christus, Du Sohn des lebendigen Gottes, erbarme Dich über mich.« Dieses Herzensgebet kann in Verbindung mit dem Atmen ein Stück von mir selbst werden. Es kann in mich ein- und ausströmen, wie in einer Wellenbewegung. Es gibt Menschen, die – noch mehr als ich – davon zu sagen und zu schreiben wissen, wie sich ein Lebensrhythmus durch dieses Gebet, durch diese ständige Zwiesprache verändert. Es kommt Ruhe, ein weiter Atem, Entspannung und Leichtigkeit und das tiefe Wissen: Dinge lösen sich wie von selbst, »es« geschieht, ich brauche es nur kommen zu lassen.
(Nicht durch den Willen geschehen die entscheidenden Dinge, sondern durch Horchen – für ganz tüchtige Leute sehr wichtig!)
– Da ist das *Rosenkranz-Gebet*. Hier spricht eine uralte religiöse Gebetserfahrung. Früher trug ich eine Schnur in der Tasche mit Knoten daran. Auf der Straße, im Bus, im Wartezimmer des Zahnarztes ging meine Hand von Knoten zu Knoten, von Gebetsruf zu Gebetsruf, von Fürbitte zu Fürbitte. Es gibt von Romano Guardini einen Christus-Rosenkranz (Das Jahr des Herrn, Mainz 1963), den einige Glieder unserer Communität immer wieder zusammen beten. Ich möchte Sie damit hinweisen auf die Hilfe der Wiederholung und Sie ermutigen, sich in diesen Raum des Gebetes zu wagen.
- Ich schreibe mir Gebete, kleine spontane Gespräche mit Jesus auf, ich liebe Litaneien. Ich kann ihm dabei alle Namen geben, die mir einfallen oder ich kann eine Erfahrung, ein Fest oder ein besonderes Ereignis von vielen Seiten umschreiten und besehen. Wagen Sie doch dabei die Hilfe eines kleinen handgeschriebenen Gebetbuches oder heften Sie kleine Zettel zusammen, auf die Sie diese spontanen Rufe schreiben. Das hilft zur Vertiefung und kann eine Stärkung für dürre Zeiten sein.
2. Es gibt Tage, an denen dieses Leben in der Gegenwart Jesu tiefe Beglückung bringt, an denen die Geborgenheit fast greifbar da ist. Es ist sehr wichtig, daß wir uns das bewußt machen und daß wir uns dann wie in einem Mantel aufgehoben und geborgen fühlen.

Es gibt aber auch Tage, da erscheint alles grau und öde, da meinen wir, Gott sei sternenweit entfernt und abwesend. Ich halte es für wichtig, die Ferne, die Dunkelheit und die Wüste nicht anzustarren. Wir sind noch auf dem Wüstenzug, und das gelobte Land kommt erst. Mir scheint: Ferne und Wüste gehören zum Leben, ebenso wie Nähe und Fest. Mir hilft, in der Wüstensituation zu denken: »Gott ist anders«. Es ist aber wichtig, in jeder Situation vor ihm stehen zu bleiben. Er ist auch im Dunkel da, das kann man friedevoll erfahren.
3. Leben in der Gegenwart Jesu: es geht mir nicht um Methoden und Techniken. Es geht um die permanente Begegnung mit dem DU meines Lebens. Es geht um Sprache und Zeichen der Liebe zwischen diesem DU und mir. Diese Signale der Liebe sind dann echt und beglükkend, wenn sie meiner Wesensart entsprechen. Die sind dann genau so selbstverständlich und aufregend, wie es Signale der Liebe immer zwischen zwei Liebenden sind.
Was wir dabei gewinnen können, ist eine tiefe Geborgenheit und daß wir uns aufgehoben wissen. Ich möchte es in drei Sätzen ausdrükken:

Er nimmt mich an –
ich kann mich annehmen –
ich kann andere annehmen.

Priorin Maria Pfister CCR (aus einem Faltblatt)

Diakonissen-Kommunität Zionsberg

Scherfede, Postfach 54, 3530 Warburg (Westf.) 2, Tel. (05642) 53 33

8 Diakonissen und 1 Novizin
Leitung: 3 Konventsschwestern

1958 Gründung als »Diaspora-Diakonissenmutterhaus Zionsberg« durch die Oberin Diakonisse Dore Schellenberg, Pastorin, ausgesandt von Sarepta/Bethel.
Seit 1970 Wandlung der inneren Struktur zur Kommunität.
Seit 1973 sind alle Schwestern der Kommunität auf dem Zionsberg zum gemeinsamen Leben vereint.

Impulse
Die Gemeinschaft entstand aus der Diaspora-Arbeit mit evangelischen Flüchtlingen in der Nachkriegszeit ab 1950; in Zusammenarbeit mit dem »Verein zur Förderung der Diakonie in der Diaspora«

wurden wechselnde Arbeitsgebiete betreut: Alten- und Pflegeheim, Pflegevorschule, Kinderheim.
Wesentliche Anstöße für die Enwicklung zur Kommunität kamen durch Besuche bei verschiedenen Kommunitäten, besonders auch bei der »Communauté de Pomeyrol« (Südfrankreich).

Geistliches Leben
Hauptanliegen ist die Berufung zum gemeinsamen Leben auf der Grundlage der drei Evangelischen Räte und zum Gebet. Es werden sechs Tagzeitengebete gehalten, die für Gäste offen sind.

Aufgaben und Einrichtungen
Einkehrhaus mit 25 Plätzen, das ein gemeinsames Leben und Arbeiten mit den Gästen möglich macht:
Einzelgäste, Tagesgruppen, Betreuung von Gruppen mit eigenem Programm oder Programmgestaltung durch die Kommunität.
Alle Altersstufen und Konfessionen.
Gesprächs- und Seelsorgeangebot.
»Kommunität auf Zeit«: eine Woche Mitleben für junge Leute.
Verschiedene Dienste in Kirchengemeinden:
Gottesdienste, Jungschar, Frauenhilfe, Posaunenchor.
»Gruß vom Zionsberg«, zweimal jährlich.

Evangelische Lukas-Communität

Güntherstraße 7, 3000 Hannover 81, Tel. (0511) 83 14 55

Im Dorf 5, 3134 Bergen/Dumme, Ortsteil Belau

Orden für Frauen
9 Schwestern
Priorin: Mutter Odette
1974 in Hannover entstanden.

Impulse
Man suchte nach Möglichkeiten, wie man Menschen ein Stück zum Heilwerden weiterhelfen könne. Die kommunitäre Lebensform erkannte man als den von Gott gezeigten Weg, diese Aufgabe zu verwirklichen.
Beim Aufbau der Kommunität stand die »Communauté de Pomeyrol«, zu der Mutter Odette enge Verbindung hatte, helfend zur Seite.

Geistliches Leben
Ordnung: »Bete und arbeite, damit ER regiere. Laß in deinem Tag Arbeit und Ruhe durch Gottes Wort lebendig werden. Bewahre in allem die innere Stille, um in Christus zu bleiben. Laß dich erfüllen vom Geist der Seligpreisungen: Armut – Barmherzigkeit – Freude. Die Communität möchte das »Heilwerden in Christus« leben; dabei wird der Mensch als Einheit von Körper, Gemüt und Geist gesehen. Drei Andachten täglich vor den Mahlzeiten.

Aufgaben und Einrichtungen
»Die Lukas-Communität weiß sich zum helfenden und heilenden Dienst berufen, insbesondere zur pädagogischen und therapeutischen Betreuung und Förderung nicht-heiler Kinder, Jugendlicher und Erwachsener.«
Haus der Stille »Bethlehem« (Haus des Brotes) für Einkehrzeiten und Betreuung nicht-heiler Menschen.
Mitarbeit in einem Haus des evangelischen Stadtkirchenverbands in Hannover mit offener Jugend- und Altenarbeit. Teestubenarbeit.

DAS KLOSTER – EIN WEG ZUM LEBEN – EIN WEG ZUM HEILWERDEN
Wer heimatlos ist und Angst hat, soll Heimat finden, wo er ohne Angst in Geborgenheit sein kann. Wir freuen uns über den offenen Kamin – über die Speisen. Wir lernen zusammen bei den Mahlzeiten. Daraus wächst Geborgenheit und Sicherheit. Beides kann aber nicht reifen, wenn wir nicht lernen, unsere Gaben zu gebrauchen, denn unverwertete Gaben sind Quellen von Depressionen.
Das intellektuelle Arbeiten wird getragen, erweitert und vertieft in der Gegenwart Gottes und durch das Meditieren Seines Wortes. Unsere Art zu meditieren stellt Gott in die Mitte und nicht das »Ich« und nicht das »Nichts«, denn Er ist der Heiland. Wenn Er nicht die Mitte ist, zu der wir aufblicken und wir Ihm nicht Raum geben, werden wir nie zu der einmaligen Persönlichkeit, die Er in Liebe gedacht hat.
Bethlehem heißt »Haus des Brotes«. Wir dürfen unserem Herrn Jesus vertrauen, da Er sich uns selbst als Brot geschenkt hat, daß Er uns im Geistlichen wie im Materiellen versorgt.
Wir wollen das Kulturgut erhalten und kennenlernen, weil es uns mit dem Kollektiv verbindet und zum gemütsmäßigen Sich-Finden hilft. Wir leben und verhalten uns zum Teil nach den Erfahrungen der Generationen vor uns, weil sie in unserem Unterbewußtsein gespeichert sind. Darum ist es wichtig, Volkslieder, Märchen, Sitten und Gebräuche kennenzulernen, aber auch Reste vergangener Kul-

turen. Es ist nicht gleichgültig, ob man in einem Rundling wie Belau ein Fachwerkhaus durch einen Neubau ersetzt oder das »Ursprüngliche« erhält, auch wenn es Schwierigkeiten bereitet.
Unsere Berufung ist, das Heilwerden in Christus zu leben. Dazu gehört zu allem vorher Gesagten, daß wir wieder lernen, den Menschen ganz klar als eine Einheit von Körper, Gemüt und Geist zu sehen. Der Mensch braucht Religion, er braucht das Angebundensein an Gott, wie das Beiboot die Verbindung zum Schiff braucht, in dessen Windschatten es mitfahren darf, ohne das Ziel aus eigener Kraft erreichen zu müssen. Wer Gott nicht kennt, ist wie ein amputierter Mensch, nur daß der, dem Arm oder Bein fehlen, weiß, was ihm fehlt und das nicht ignorieren kann.
Das Miteinander-Beten, das Lernen aus Gottes Wort, das Abendmahl, das gemeinsame Feiern im Vertrauen sind für uns ein Teil des Auftrages, aber auch Geschenk. Zugleich versuchen wir, das Leben zu »begreifen«. Dies geschieht auch durch das Versorgen des Geflügels, der Bienen oder der Schafe, durch Garten- und Feldarbeit u.ä. Ebenfalls gehört dazu das gemeinsame Verarbeiten und Haltbarmachen der geernteten Früchte, das Verspinnen der Wolle in gemütlichen Spinnstunden oder das Anfertigen von Bienenwachskerzen. Auch Staffelei, Arbeitstisch für Mosaik und Töpfern u.ä. befinden sich in unseren »Zellen«.

Aus dem Prospekt der Evangelischen Lukas-Communität

Evangelische Marienschwesternschaft

Heidelberger Landstraße 107, Postfach 13 01 29, 6100 Darmstadt-Eberstadt, Tel. (06151) 5 10 31

Frauenkommunität
179 Schwestern
Leitung: Mutter Basilea (Dr. Klara Schlink)
Mutter Martyria (Erika Madauss)
1947 gegründet von Mutter Basilea und Mutter Martyria in Darmstadt als »Oekumenische Marienschwesternschaft«; 1964 umbenannt in »Evangelische Marienschwesternschaft«.

Angeschlossen:
Dornenkranzschwestern seit 1953: 35 ältere Schwestern
Dornenschwestern seit 1949: 38 Tertiären
Kanaan-Franziskus-Bruderschaft seit 1967: 14 Brüder

Impulse
Ausgelöst durch die erschütternden Ereignisse des Zweiten Weltkrieges mit der Zerstörung Darmstadts durch den Luftangriff 1944 kam es in den dortigen Mädchenbibelkreisen zu einer Bußbewegung und Erweckung, die zur Gründung einer Schwesternschaft führte. Geistlicher Vater war Superintendent der Methodistenkirche Paul Riedinger, Ansbach (gest. 1949).

Geistliches Leben
Im Mittelpunkt steht die Liebe zu Jesus, die ihr Fundament in der täglichen Reue und Buße hat. Dazu hilft die Praxis der »Lichtgemeinschaften« nach 1. Joh. 1,7.
Kompromißlose Nachfolge auf dem Kreuzweg Jesu bestimmt das Leben der Schwestern. Man weiß sich in der völligen Abhängigkeit von Gott-Vater zu seiner Verherrlichung und praktiziert dies im Blick auf alle Lebensumstände bis hin zu den täglichen Bedürfnissen. In immer neuen Gebetserhörungen wird seine Realität erfahren, auch wo menschlich gesehen kein Weg mehr ist.
Gebetsdienst, Fürbitte und Anbetung in verschiedener Form prägen neben mancherlei Diensten den Tag.

Aufgaben und Einrichtungen
Im Süden Darmstadts entstand das Land »Kanaan« mit biblischen Gedenkstätten, Mutterhaus und Kapelle, Werkhaus, Jesu-Rufkapelle und weiteren Häusern.
Verkündigungs- und Seelsorgedienst, missionarischer Auftrag, Herausgabe eigener christlicher Literatur, Weitergabe des biblischen Zeugnisses durch Rundfunk, Diaserien, Film- und Videoprogramme – vor allem in der englischsprachigen Welt.
Bei der Verkündigung geht es besonders um die Botschaft von der Liebe Gottes, von der Versöhnung mit Gott und untereinander, aber auch um den Ruf Gottes für unsere Zeit mit ihren großen Konflikten, Gottes Leiden um die Menschheit heute, Bereitung auf zukünftige Leidenszeit und auf den wiederkommenden Herrn.
Von den Anfängen an Dienst für und in Israel.
Seit 1980 Schwerpunktsverlagerung der Dienste durch Entstehen vieler neuer Auslandsniederlassungen. Dadurch und durch verstärkten Medienauftrag wurde die Reduzierung einiger Arbeitsgebiete auf Kanaan notwendig: Ruferspiele und Rüstzeiten sind deshalb zur Zeit nicht durchführbar. Die Zahl von vormals 6 Auslandsniederlassungen ist auf 21 angewachsen in 19 Ländern auf allen Kontinenten.

Gottes Wirken heute erlebt – zum Beispiel in Tokio

Als die Schwestern unserer Niederlassung in Tokio von einer Zurüstungszeit im Mutterhaus zurückkehrten, hatten sie nur noch gezählte Wochen Zeit, sich nach einer neuen Unterkunft umzusehen, da der Mietvertrag für ihr Appartement in einem Missionsgebäude ablief. Doch nichts war in Sicht. In Tokio eine einigermaßen bezahlbare Wohnung zu finden ist ein schwieriges Unterfangen, da die Wohnungsnot in Japan Problem Nr. 1 ist. Hoffnungen tauchten auf und verschwanden wieder. Je länger sie suchten, um so hoffnungsloser schien es zu sein.

In diese Situation hinein traf sie die Nachricht, daß in einem großen Theater ab Anfang Juli die Rockoper »Jesus Christ Superstar« in japanischer Fassung gespielt werden sollte. Das erfüllte sie mit großem Schmerz. Die blasphemischen Stücke über Jesus sind schon in den sogenannten christlichen Ländern furchtbar genug, und unsere Schwestern hatten daheim miterlebt, wie die Liebe sich verhält, wenn unser Herr Jesus Christus verlästert wird. Nun aber sollte Er als gescheiterte Existenz – und Judas als der eigentliche Held – vielen Tausenden von Ungläubigen dargestellt werden, denen zumeist noch nie das wahre Bild von Jesus als dem Gottessohn gezeigt wurde; sind sie doch einerseits sehr im Heidentum befangen und andererseits von Materialismus und Dekadenz stark infiziert. Die Japaner haben die höchste Selbstmordziffer der Welt, Gewalttaten greifen auch dort um sich in erschütternder Weise, besonders unter Schülern. So brauchen die Japaner nichts so nötig wie Jesus, den Erlöser. Ihn dieser Heidenwelt zu bezeugen, waren unsere Schwestern ausgesandt – und dann kommt aus unserem »christlichen Abendland« dorthin »Superstar«!

Da wußten sie, daß diese Not nun das Vordringliche war und der Herr ihren ganzen Einsatz erwartete. Selbst die Sorge um die Wohnung mußte zurücktreten. Nächste Schritte waren: Briefe und Gespräche mit führenden Persönlichkeiten. Eine christliche Zeitschrift nahm als Leserstimme auf, was Mutter Basilea gegen »Superstar« geschrieben hatte – länger als normal und an günstiger Stelle. Eine zweite Zeitung brachte sie von sich aus; positive Reaktionen kamen. Unsere Schwestern versandten einen dringenden Aufruf im Blick auf »Superstar« an alle Adressen ihrer Kartei. Ein Reporter wurde dadurch innerlich erfaßt und druckte alle Hinweise von Mutter Basilea, was wir als Christen gegen Blasphemien tun können, in der nächsten Nummer seiner Zeitung ab. Ein anderer Reporter wurde aufmerksam und erbat sofort ein Interview über das Thema »Endzeit«. Ab Anfang Juli standen unsere Schwestern dann Abend für Abend –

dreieinhalb Wochen hindurch – vor dem großen Theater und verteilten Tausende von Blättern, fast jedesmal unter Mithilfe von Freunden. Ein kurzes Flugblatt gegen »Superstar« war jeweils eingelegt in ein evangelistisches Blatt, und auch die vorbeiströmenden Passanten konnten mit Kanaanworten erreicht werden. So wurde an viele Tausende von Heiden, wenn auch aus solch schmerzlichem Anlaß, der Ruf Jesu weitergegeben durch das Schrifttum, das sie vor dem Theater bekamen – und man fand kaum weggeworfene Blätter.

Wie war aber die dramatische Geschichte mit der Wohnung weitergegangen? Kurz vor dem Termin, da sie die bisherige verlassen mußten, gab der Vater im Himmel den Schwestern nicht nur eine neue Wohnung, sondern sogar ein kleines Haus außerhalb des Häusermeeres von Tokio, etwa eine Stunde entfernt, auf einer Halbinsel gelegen, mit frischer Luft vom Meer her, in ländlicher Gegend mit bewaldeten Bergen. Dies Haus ist von einer solch günstigen Beschaffenheit, wie sie es sich kaum hätten träumen lassen. Die meist leicht gebauten japanischen Häuser sind für ihre Bedürfnisse mit all den Schriftenpaketen und schweren Geräten für Film und Dias ganz ungeeignet. Nun hatte der Vater ihnen ein Steinhaus mit einem kleinen Garten bereitet. Der japanische Besitzer hatte es zum größten Teil nach den Wünschen seiner deutschen Frau bauen lassen. Die Verhandlungen konnten auf Deutsch geführt werden. Die Lage ist so ruhig, daß Gäste dort gern zu Gebet und Zurüstung einkehren werden. Die geräumige Garage bietet nicht nur Platz fürs Auto, sondern auch für viele Bücherkisten. Bei dem allen erlebten unsere Schwestern wieder – wie wir durch Jahrzehnte auf Kanaan –, daß der Herr nach Seinem Wort tut: »Trachtet am ersten nach dem Reich Gottes und nach seiner Gerechtigkeit, so wird euch solches alles zufallen« (Matth. 6,33). Ja, der Vater im Himmel sorgte auch für den Umzug, da sie durch die Superstar-Aktion kaum zum Packen gekommen waren. Helfer stellten sich ein – das Wetter war gut trotz angesagtem Regen – Möbel und Geschirr wurden ihnen geschenkt. Kräftemäßig bekamen sie »Flügel«. – Und jene Zeitschrift mit ihrer Leserstimme gegen »Superstar« brachte die neue Adresse, so daß ihr Kanaanzentrum gleich im ganzen Land bekanntgemacht wurde. Damit erfüllte der Vater auch hier, was Er einst beim Bau des Mutterhauses Mutter Basilea als das biblische Losungswort gegeben hatte, welches für alle Zeiten über diesem Haus und allen, die darin ein- und ausgehen, stehen sollte: »Wie denn von der Welt her nicht vernommen ist noch mit Ohren gehört, auch kein Auge gesehen hat einen Gott außer dir, der so wohltut denen, die auf ihn harren« (Jes. 64,3).

Aus: Was geschieht auf Kanaan?, 1983

HINGABEGEBET AN GOTTES WILLEN

Du ewiger, großer,
erhabener und gewaltiger Gott,
Dir liege ich zu Füßen,
anzubeten Deinen Willen, der nur Liebe ist.

Dir gebe ich meinen Willen hin aus Liebe,
und mein ganzes Leben sei Dir zur Ehre gelebt,
indem ich Deinen Willen vollziehe.

Was Du hineinordnest in mein Leben,
darüber will ich Dich anbeten, Du ewige Weisheit,
die Du mir alles, das Gute wie das Böse,
Freud wie Leid zum Besten dienen läßt.

Vollkommen sind Deine Wege,
gerecht und richtig Deine Gerichte, Du Allmächtiger!

Nach ewigem Plan der Liebe
hast Du Deine Wege für mich erdacht,
der Du »Deine Heiligen wunderbar führst«
zum Ziel der Herrlichkeit.

Dort will ich ohne Ende
die Weisheit Deiner Gedanken,
Dein herrliches Tun und Vollenden,
Deine Wege mit mir preisen und anbeten.
Amen.

Aus: M. Basilea Schlink, Ich vertraue Dir, mein Vater. Lieder für dunkle Tage

Evangelischer Schwesternkonvent

Bucherstraße 5, 8500 Nürnberg, Tel. (0911) 33 49 33

Frauenkommunität
9 Schwestern
Leitung: Sr. Else Wolf, Sr. Ruth Ebener
1976 in Ludwigshafen gegründet, seit 1977 in Nürnberg.

Impulse
Einige christliche Frauen erkannten für sich die Notwendigkeit einer engen geistlichen Lebensgemeinschaft aufgrund von Apg. 2,42. Anstöße kamen auch von der charismatischen Erneuerung.

Geistliches Leben
Als Leitlinien gelten die Evangelischen Räte: Ehelosigkeit, Armut, Gehorsam. Mitte der Gemeinschaft sind Wort Gottes und Sakrament.
Täglich fünf Gebetszeiten in Anlehnung an die alten kirchlichen Ordnungen, dabei auch Stille, freies Gebet und vor allem Anbetung.
Der einzelne hält täglich Stille Zeit, einen Stillen Tag im Monat; jährlich eine Retraite, regelmäßiger Austausch mit einer Schwester, Einzelbeichte.

Aufgaben
Ziel ist, zur geistlichen Erneuerung von Kirche und Gemeinschaft in unserer Zeit beizutragen: Gebetsdienst, missionarischer Dienst (Hauskreise, Glaubensseminare, Freizeiten), diakonischer Einsatz, Aufnahme von Gästen, Bereitschaft zur Seelsorge. Teilnahme am Leben der Ortsgemeinde.

MORGENGEBET

O du heilger Geist des lebendigen Gottes,
durch den Glauben darf ich jetzt dankbar erkennen,
daß du in mir gegenwärtig bist.
In der Tiefe meines Wesens,
tiefer als alle meine Gedanken,
tiefer als meine Gefühle,
tiefer als mein Wille
hast du Wohnung genommen.
Ich preise dich, ich bete dich an,
ich liebe dich, ich danke dir,
daß du dich so tief herabgelassen
und meinen Leib zu deiner Herberge gemacht hast,
ja daß du ihn deinen Tempel nennst.
Vor allem danke ich dir,
daß du mir den Herrn Jesus Christus, meinen Heiland,
geoffenbart hast
und mir alle Segnungen seines Sühnetodes zugeeignet hast.
Ich möchte mich nun
für diesen neuen Tag
deinem Vorhaben mit mir
und deiner Führung ganz und gar ausliefern.
Leite mich
und bereite mich auf jegliche Gelegenheit vor,

deine mächtige Kraft zu erfahren.
Lege mir heute mein Kreuz auf,
und gib mir eine besondere Möglichkeit,
meinem Ich abzusagen und abzusterben,
damit Jesus Christus in mir leben kann.
Laß mich ein Kanal der Liebe und der Heilung,
der Kraft und des Segens für jeden werden,
den du mir heute in den Weg stellst
und begegnen läßt.
Das alles, o Heiliger Geist, geschehe,
damit unser liebender Vater im Himmel verherrlicht werde
und heute an mir sein Wohlgefallen habe. Amen.
(L. Christenson) Oekumenischer Verlag Dr. R. F. Edel

Jesus-Bruderschaft

Gnadenthal, 6257 Hünfelden 2, Tel. (06438) 2001

26 Brüder
48 Schwestern
20 Familien
5 Frauen
Leitung: Ältestenschaft (Günter Oertel, Werner und Erika Bangel) mit dem Bruderschaftsrat

1961 Sammlung erster Brüder in Ostfriesland.
1964 Gründung des Schwesternzweiges in Ludwigshafen.
Seit 1969 Zentrum in Gnadenthal.
1968 Beginn der Familienbewegung (1970 Zentrum in Bad Camberg).
1972 Kommunität für alleinstehende Frauen.

Impulse
Aus den Schriften und dem Leben Dietrich Bonhoeffers und dem Vorbild anderer Christen (Bruderschaften und Kommunitäten, insbesondere Brüder vom gemeinsamen Leben und Focolare-Bewegung) kamen Anstöße, dem empfangenen Anruf Gottes konkrete Gestalt zu geben. Impulse kamen und kommen aus immer neuen Begegnungen mit Christen verschiedener Hintergründe. Dies drückt sich auch in den Gebetszeiten aus. Ausdrucksformen verschiedener Kirchen und Gemeinschaften wirkten befruchtend auf die Stundengebete.

Geistliches Leben
Die Jesus-Bruderschaft versteht sich als eine Zelle der weltweiten Bruderschaft aller Christus verkündigenden Kirchen, Konfessionen und Kreise.
Ihre Glieder wollen das Doppelgebot der Liebe Jesu Christi verbindlich leben (vgl. Mk. 12,30f). In aller Verschiedenheit der Herkunft und Prägung suchen sie nach dem Wunsch Jesu, die Einheit untereinander und mit den anderen Christen zu pflegen, »damit die Welt glauben kann« (Joh. 17,21).

Aufgaben und Einrichtungen
Haus der Stille und Nehemia-Hof in Gnadenthal.
Präsenz-Verlag.
16 Außenkommunitäten in der Bundesrepublik Deutschland, in Israel, Kamerun und USA.
Mit-Gliederkreis und assoziierte Mitglieder auf Zeit.
Lebensschule: Junge Leute leben 1 Jahr in der Gemeinschaft mit.

HARMONISCHE KONTRASTE
3 km von der Autobahn entfernt – ein kleines Dorf. Auffallend: große Kontraste, die zugleich harmonisch ineinandergreifen. Auf der leichten Anhöhe liegen markante Bauten in einem eigenwilligen, aber ansprechenden Stil; unten im Dorf uraltes Fachwerk, historische Mauern – Gebäude des alten Klosters. Die Klosterkirche diente etwa 350 Jahre lang als Kuhstall oder Heuboden. 1984 konnte die Jesus-Bruderschaft das Kloster erwerben. Sie hat die alte Kirche wieder ihrer ursprünglichen Bestimmung als Gotteshaus zugeführt.
Kontrastreich sind auch die Menschen, die nach Gnadenthal kommen: Ein Theologieprofessor, der in Stille und Gebet seine Vorlesungen vorbereitet. Ein Student, der aus Schweden über Frankreich nach Gnadenthal trampte. Der Direktor einer Fernsehanstalt neben einem arbeitslosen jungen Autoschlosser. Eine ledige Mutter mit ihrem Kind und eine Schülerin aus Berlin. Im gemeinsamen Gottesdienst sind es dann nicht mehr viele einzelne. Sie sind Teil der weltweiten einen Gemeinde Jesu Christi, die miteinander vor Gott steht.
Dieses Anliegen bewegt die Jesus-Bruderschaft: gelebte Einheit unter Christen verschiedener Herkunft – als Antwort auf die Bitte Jesu in Johannes 17, als ein herausforderndes Zeichen des auferstandenen Christus Jesus. Zugleich liegt es ihr am Herzen, daß die Anbetung und die Ehre Gottes wieder im Zentrum ihres Lebens stehen. Arbeit und Gottesdienst sollen von der gemeinsamen Mitte her bewegt und gelebt werden.

Gerade weil die Jesus-Brüder, -Schwestern und -Familien selber die Einheit in der Vielfalt suchen und leben, können sie anderen Hilfen geben, die in Ehe, Familie, Hauskreis und Gemeinde um ein versöhntes Leben ringen. Hier hat die Bruderschaft ein reiches Übungsfeld: Ihre Glieder gehören zu verschiedenen Kirchen und Freikirchen und stammen aus mehreren Nationalitäten. Neben der katholischen Arzthelferin aus Italien sitzt die reformierte Beschäftigungstherapeutin aus Holland. Am Mikrophon steht ein amerikanischer Judenchrist, der als Hippie, Sportler, Polizist und Jesus-Bruder einen originellen Weg genommen hat. Er arbeitet eng mit einem lutherischen Pfarrer aus Franken zusammen. Die Gitarre spielt ein junger Maschinenschlosser aus Westfalen; er ist Baptist.

Haus der Stille und Nehemia-Hof

Zwei Schwerpunkte sind in Gnadenthal besonders zu nennen: Auf dem Berg das »Haus der Stille«, das mit 26 Einzelzimmern Gelegenheit zum Stillwerden vor Gott anbietet – in Einkehrtagen, Stillen Wochenenden, Gebetsschulungen und Bibelwochen. Am Ortsausgang im Tal liegt der »Nehemia-Hof« – ein ehemaliger Bauernhof, der 1984 durch Brandstiftung zur Ruine wurde. Nach dem Erwerb durch die Bruderschaft haben junge Leute ihn mit viel Schwung und Initiative aus- und umgebaut zu einem Jugend- und Familienzentrum. Wie Nehemia, ein Jude in verantwortlicher Stellung, damals dem Volk Gottes neuen Mut und eine neue Perspektive gab, so soll heute von den »Nehemia-Wochen« Ermutigung für ein konstruktives Christsein ausgehen, das junge Leute und Erwachsene in ihre Gemeinden und Kreise einbringen können. Ab 1986 werden im »Nehemia-Hof« besondere Tagungen angeboten: Ehe- und Familienseminare, Kreative Freizeiten, Landschulwochen, Jugendtreffen, Erntefreizeiten, Seminare für verschiedene Berufsgruppen u.a.

Dazwischen stehen – Brücken bauen

Glieder der Jesus-Bruderschaft leben in 16 Außenkommunitäten im In- und Ausland. In der Regel stehen sie dort in ihrem bürgerlichen Beruf. In Latrun (Israel) haben sie aus einer alten Kreuzfahrerruine in jahrelanger harter Arbeit einen Ort der Begegnung geschaffen und pflegen Kontakte zu Juden und Arabern. Im »Dazwischenstehen und Brückenbauen« sehen sie ihren Auftrag, »auch wenn es aussieht wie ein Tropfen auf einen heißen Stein«. In Kamerun sind sie nicht die »großen Entwicklungshelfer«. Sie haben zunächst von den Afrikanern gelernt, das Wasser täglich auf dem Kopf von der Quelle in die Hütte zu tragen, den Boden von Hand zu bebauen usw. Sie haben

sich ganz in die bestehende schwarze Gemeinde der Presbyterianischen Kirche eingeordnet. Inzwischen entwickelt sich daraus ein kleines Missionsmodell – die Mission des »langen Atems«.
Gott hat für uns Christen einen wichtigen Auftrag, der uns herausfordert. Laßt uns ihn ergreifen! Das geht sicher nicht ohne Leid und ohne Rückschläge. Aber Jesus ist selber durch Leid gegangen. Darum ist er uns heute so nahe. Der Auferstandene läßt uns nie ohne seine Kraft. –
An dieser Grunderfahrung des gemeinsamen Lebens lassen die Brüder und Schwestern auch junge Menschen teilhaben, die für ein Jahr in der »Lebensschule« mitleben. Grafiken, »Mosaik-Lieder« und Bücher, die sie über einen eigenen Verlag vertreiben, geben Einblick und sind Ausdruck dessen, was unter ihnen lebt.

Gebete des Tages

Früh am Morgen erinnern wir uns, daß Gott uns liebt und stärkt:
»Unsere Hilfe steht im Namen des Herrn,
der Himmel und Erde gemacht hat.«

Diese Liebe möchten wir mit einem ungeteilten Leben für Gott beantworten:
»Alles, was ihr tut, das tut von Herzen als dem Herrn und nicht den Menschen, weil ihr wißt, daß ihr vom Herrn zum Lohn das Erbe empfangen werdet.
Dem Herrn Christus dienet!«

Jesus hat seine Jünger als Salz und Licht, als solche, die an ihm Anteil haben, in die Welt gesandt. So schließt der Frühgottesdienst mit dem gemeinsam gesprochenen Satz:
»Und wohin wir gehen, dahin kommt nun auch der Herr.«

Immer wieder brauchen wir die Erinnerung, in der Gesinnung Gottes und in der engen Verbindung mit ihm durch den Tag zu gehen:
»Unsere Ohren, die dein Wort hörten,
sollen fortan für die Stimme des Streites und des Unfriedens verschlossen sein.
Unsere Augen, die diese Liebe gesehen haben,
sollen ein Spiegel deiner Reinheit sein.
Unsere Zungen, die dein Lob gesungen haben,
sollen fortan die Wahrheit bezeugen.
Unsere Hände und Füße sollen dir vollständig zur Verfügung sein,
daß sie segnen und deinen Frieden in die Welt tragen.

Unser ganzes Leben
mit Geist, Seele und Leib
soll in der Liebeseinheit mit dir
ein Lobopfer deiner Liebe sein.
Ehre sei dir, Herr Jesus. Amen.«

Viele Menschen erkennen Gott nicht, weil wir als seine Kinder oftmals in Gleichgültigkeit, kalter Rechtgläubigkeit oder gar im Streit miteinander leben. Einheit zu gewinnen, so wie Jesus sie uns vor Augen stellt (Joh. 15 + 17), – das schaffen wir nicht aus unserer Kraft. Aber wir dürfen Gott bitten, dieses Wunder an uns zu tun:

»Herr Jesus Christus, wir rufen deinen heiligen Namen aus,
in dem Macht und Kraft, Sieg und Frieden ist:
Über den zertrennten Leib deiner Kirche.
Wir beugen uns unter die Not und die Schuld der Zertrennung.
Du hast uns Erlösung und Einheit, Leben und Frieden geschenkt.
Wir aber sind abgewichen von deinen Geboten und Weisungen.
Wir haben uns verschuldet und abgewandt von dir.
Herr, erbarme dich. Sei uns gnädig und stelle uns wieder her!
Schenke brüderliche Liebe
zwischen den Gliedern aller Konfessionen und Kreise
deiner Christenheit.
Schenke brüderliche Liebe
in den kleinen Zellen des Lebens in Familie, Beruf und Gemeinde.
Wir bitten um Einigung da, wo Zertrennung und Streit ist.
Laß siegen den Geist der demütigen Liebe,
durch die der eine den andern höher achtet als sich selber,
weil du, Herr Jesus, in ihm wohnst.
Schenke uns allen das Ernstnehmen deiner letzten Bitte,
daß wir alle eins seien,
um des Leidens deines Herzens willen. Amen.«

Manchmal ist der Tag schwer und hart. Doch dürfen wir alles, was uns bewegt, was gelungen oder mißraten ist, was schön war oder was nicht fertig wurde, im stillen Gebet vor Gott ausbreiten. Er selbst will uns als einzelne und als Gemeinschaft neu um sich sammeln:

1. Jesu Friede sei mit allen!
   Er füllt alles aus.
   Friede und sein Wohlgefallen
   sei in diesem Haus.

2. Jesu Friede uns vereine
in der Lieb' zu Gott!
Jesu Friede schenkt den Brüdern
Sieg trotz Hohn und Spott.

3. Jesu Friede die Gemeinde
tröstet in der Not.
Jesu Fried' bringt Christi Gliedern
Kraft durch Wein und Brot.

4. Jesu Friede bringt die Freude
mir als Gottesgab'.
Jesu Friede ist im Leide
all mein Gut und Hab.

Gebete und Lieder aus: »Tageszeitgebete der Jesus-Bruderschaft«
Präsenz-Verlag Hünfelden-Gnadenthal 1985

Kommunität Adelshofen

Lebenszentrum Adelshofen, 7519 Eppingen 2, Tel. (07262) 50 78

Kommunität
10 Brüder
25 Schwestern
1 Ehepaar
Leitung: Br. Peter Lohmann, Pfarrverwalter
1962 gegründet in Adelshofen durch Pfr. Dr. Otto Riecker.

Impulse
Eine Evangelisation mit Pfr. Heinrich Kemner, Krelingen, hatte zu einem geistlichen Aufbruch im Dorf Adelshofen geführt. Um den Ortspfarrer Dr. Otto Riecker sammelte sich eine junge Gemeinde, die missionarisch aktiv wurde. 1958 kam es zur Gründung der Bibelschule, aus deren Mitarbeiterschaft die Kommunität hervorging.

Geistliches Leben
Grundlage für das gemeinsame Leben ist das vollbrachte Erlösungswerk Jesu und die persönlich erfahrene Wiedergeburt. Daraus folgt die Hingabe zu verbindlichem Leben. Eine erwecklich-missionarische Grundauffassung bestimmt die alltägliche Arbeit. In allem ist ein dreifacher Auftrag deutlich: Anbetung – gemeinsames Leben – missionarisches Handeln.

Täglich werden Gebetszeiten gehalten: morgens Stille Zeit über der Tageslese und Austausch, untertags Gebetsgruppen in den einzelnen Arbeitsgebieten, abends freie Fürbitte.

Aufgaben und Einrichtungen
Die Kommunität ist der geistliche und juristische Träger des Gesamtunternehmens »Lebenszentrum Adelshofen«, einem freien Missionswerk innerhalb der evangelischen Landeskirche.
Bibelschule: achtsemestrige Ausbildung.
Lebensschule: 12 Monate Mitarbeit mit praktischer und geistlicher Schulung.
Vielfältige missionarische Tätigkeit im Inland durch evangelistische Teameinsätze.
Kurz- und langzeitige Mitarbeit in der äußeren Mission, besonders in Südamerika und unter Moslems: »Ismael-Dienst«.
Veröffentlichungen von Otto Riecker und Oskar Föller.

Was uns für das Leben in unserer Gemeinschaft wichtig ist

Offenheit und Vertrauen
Seit der Stiftungsstunde unserer Kommunität hat es uns Gott gelehrt, echt und wahr voreinander zu sein. Es ist so befreiend, kein Versteckspiel und »Hintenherum« im Miteinander vollführen zu müssen. Gelegentliche Krisen hingen gewöhnlich damit zusammen, daß wir durch innere Vorbehalte und Mißtrauen Glaswände aufgerichtet hatten. Das offene Bekennen unserer Schuld ließ uns die Wahrheit des Wortes erfahren: »Wenn wir im Licht wandeln, so haben wir Gemeinschaft untereinander. . .« (1. Joh. 1,7).

Konkret glauben
Da wir zunächst nichts hatten – weder Anerkennung noch Geld –, waren wir von Anfang an auf den »Glaubensweg« gestellt, bis heute. Wir sind froh und dankbar dafür. Immer wieder gibt es akute Notstände; was liegt näher, als sich zuerst an den zu wenden, der uns vielfach ermutigt: »Wenn ihr den Vater etwas bitten werdet in meinem Namen, so wird er's euch geben.« Seien es nun finanzielle Probleme oder Nöte um Menschen bis hin zur Bitte um Wegklärung – man kann in der Tat dem lebendigen Gott gar nicht kindlich genug vertrauen.

Opfer und Hingabe leben

Immer neu stellt Jesus uns die Forderung und Verheißung vor Augen: »Wer mir nachfolgen will, der verleugne sich selbst (sein Ich-Wesen) und nehme sein Kreuz auf sich und folge mir. Wer sein Leben erhalten will, der wird's verlieren. . .« (Matth. 16,24). Es ist in so vielen »Kleinigkeiten« ein ständiges Loslassen, Verlieren, Sterben, damit das wachsen und auferstehen kann, was von Jesus gemeint und gewollt ist. Der Weg des Weizenkornes gilt in diesem Zusammenhang für Jesus, aber auch für seine Jünger (Joh. 12,24ff). Dieser kann in einer Kommunität, aber auch in einer Ehe oder in einer Gruppe täglich neu geübt werden. Es ist nicht der Weg der Selbstbehauptung, sondern der Hingabe an Jesus, an die Geschwister und an die Welt.

Das Leib-Glied-Denken

Grundlegend für das Zusammenleben unter uns und in der Begegnung mit anderen Gruppen ist das Bild aus 1. Kor. 12 von dem Körper (Leib) und seinen Gliedern mit ihren verschiedenen Funktionen. Jeder hat in dem Ganzen der Bruderschaft seinen Platz und seine bestimmte Aufgabe. Keiner ist überflüssig und keiner für sich allein funktionsfähig. Keiner kann sagen: »Ich bedarf euer nicht!« Und es ist wahr: »Wenn ein Glied leidet, so leiden alle Glieder mit, und wenn ein Glied geehrt wird, so freuen sich alle Glieder mit.«

Unser Auftrag

Trotz einer Überfülle von Anforderungen wollen wir primär frei sein für Gott und das Stehen vor ihm. Deshalb haben die persönliche Stille mit dem Wort Gottes und regelmäßige Gebetszeiten ihren festen Platz im Tagesrhythmus. Die praktische Arbeit in Küche, Haus und Garten erinnert uns an die Dienstgesinnung unseres Herrn und stellt uns zugleich auf eine Ebene mit all den Christen, die im alltäglichen Berufsleben stehen.

Die missionarische Verantwortung für die vielen verlorenen, in der Gottesferne lebenden Menschen war uns von Anfang an aufs Herz gelegt. Es ist unsere Erfahrung: Eine Gemeinschaft, die nur noch sich selbst lebt, die nicht mehr um ihren Auftrag und um ihr Gesandtsein in die Welt weiß, verliert ihre Existenzberechtigung. Deshalb setzen wir gerne Zeit, Kraft und Geld ein, um »auf allerlei Weise etliche zu retten«.

Schließlich sehen wir einen wichtigen Auftrag darin, Christen für verantwortliches Handeln in Familie und Gemeinde zuzurüsten.

Kommunität Imshausen

6440 Bebra 1, Tel. (06622) 73 63

18 zölibatäre Männer und Frauen
Prior: Pfarrer Hans Eisenberg
Seit 1936 Anfänge gemeinsamen Lebens, zunächst in der Untermühle bei Bebra, durch die Initiative von Frau Vera von Trott zu Solz. 1955 Beginn der Kommunität mit der Profeß der ersten vier Glieder.

Impulse
Frau Vera von Trott und ihren Helferinnen wurde in der kirchlichen Arbeit mit Kindern und Jugendlichen bewußt, daß das Evangelium nicht nur verkündigt, sondern gelebt sein will, und sie machten erste Erfahrungen gemeinsamen Lebens. Der Kontakt mit Menschen in kirchlicher und politischer Verantwortung half ihnen, die Fassade des Dritten Reiches zu durchschauen. Frau Vera von Trotts Bruder Adam gehörte der Widerstandsbewegung gegen Hitler an und wurde im August 1944 hingerichtet. Die Herausforderungen der Kriegs- und Nachkriegszeit beantwortete die kleine Hausgemeinde mit ihrem Gebet und der Bereitschaft, alle aufzunehmen, die dort Hilfe und Orientierung suchten.

Geistliches Leben
Gebet und Arbeit bestimmen den Rhythmus des Tages. Zweimal in der Woche wird die Eucharistie gefeiert. Die kirchlichen Feste prägen den Weg durch das Jahr. In den Gottesdiensten finden sich Elemente aus verschiedenen kirchlichen Traditionen. Impulse zum gemeinsamen Leben kommen aus benediktinischem und ostkirchlichem Erbe, aus dem geistlichen Schatz der evangelischen Väter (besonders August Vilmar, Vater und Sohn Blumhardt, Dietrich Bonhoeffer) und aus den Glaubenserfahrungen von Zeitgenossen.

Aufgaben
Die Gemeinschaft sieht ihren Auftrag nicht in geplanten Aktivitäten. Sie bewirtschaftet einen Bauernhof und ist offen für Gäste.

AUF DEM WEG ZUR »ZUKÜNFTIGEN STADT«
»Wir haben hier keine bleibende Stadt, sondern die zukünftige suchen wir!« So sieht der Schreiber des Hebräerbriefes die christliche Gemeinde: nicht an heilige Stätten gebunden, sondern auf dem Wege als Gottes Volk. Diese »bewegliche stabilitas« ist ein Paradox, mit dem heute wie damals alle konfrontiert werden, die als Ge-

meinde oder Gemeinschaft zusammenleben. Auf dem Weg bleiben – auch wenn man, wie wir in Imshausen, seit über 50 Jahren im gleichen Tal wohnt; das Provisorium und neuen Aufbruch wagen – auch wenn der Rhythmus von Gebet und Arbeit gleichbleibend die Jahre bestimmt. Gegen unsere Tendenz, besitzen zu wollen und das Gewonnene zu sichern und zu verwalten, müssen wir uns immer wieder bewußt machen: Das Konstitutive unseres gemeinsamen Lebens ist die Suche nach der »zukünftigen Stadt«, die aus Gottes Welt kommt und sich hereinbauen will in unsere Welt, in das Hier und Jetzt von uns, die wir sie erwarten und empfangen wollen. Der einzelne, der sich diesem Prozeß zur Verfügung stellt, wird bald erfahren, daß das Individuum keine absolute Größe ist. Die »lebendigen Steine« erfahren einzeln ihre Unbrauchbarkeit; eingefügt in das »geistliche Haus« haben sie teil an der zukünftigen Stadt, an der Zukunft Gottes. Seit unseren Anfängen in den dreißiger Jahren sind wir da, wo wir leben, benutzt worden als Ort der Kirche, wo solche Erfahrungen gemacht werden können: im Teilnehmen an Gebet und Eucharistie, an der praktischen Arbeit, an Spielen und Feiern. Die »seßhaften« Sucher halten den Platz bereit für Kinder, Jugendliche und ältere Pilger, die aus verschiedensten nationalen und kirchlichen Traditionen und sehr unterschiedlichen Lebensverhältnissen kommen. Manche nehmen sich Wochen und Monate Zeit, andere nur wenige Tage und Stunden. Immer sind wir gefragt: Lassen wir die Suche nach der zukünftigen Stadt, nach dem Reich Gottes, unsere gemeinsame Sache sein vor allem anderen? Sind wir bereit, unser Vertrauen wieder und wieder erneuern zu lassen, trotz aller enttäuschenden Erfahrungen mit uns selbst und anderen, trotz aller Schreckensprognosen, die unsere Zeit bestimmen? Rechnen wir mit der Kraft und Zukunft unseres Herrn? Glauben wir eigentlich, daß er heute Menschen verwandeln will – ihnen selber unbegreifbar – und aus ihnen die Stadt baut, von der Licht- und Salzkraft ausgeht in »Gottes geliebte Welt«?

St. Johannis-Konvent vom gemeinsamen Leben

Eschenbach 78, 8561 Pommelsbrunn, Tel. (09154) 12 87

Kommunität
8 Schwestern
2 Familien auf dem Bauernhof
Tertiärgeschwister
Leitung: Sr. Veronika Gröhe

1947 gegründet in Stadtroda (Thüringen) durch Frau Dr. Luise Saatmann (Mutter Johannis). Aufbau der Arbeit im Dienst der Seelsorge und Heilpädagogik in Frankfurt/Main. Seit 1961 in Erlangen, dann auch in Schloß Craheim, seit 1974 in Reichenschwand bei Nürnberg, seit 1985 in Eschenbach.

Impulse
Durch die Entdeckung der mittelalterlichen »Bruderschaften vom gemeinsamen Leben« erhielt der Konvent geistliche Anregungen. Bestimmend wurde der Auftrag der Seelsorge. Die Erkenntnisse der Wissenschaft in Psychologie und Gruppendynamik wurden unter der Führung des Heiligen Geistes für die Seelsorge dienstbar gemacht (Heilende Gruppe).

Geistliches Leben
Die drei Evangelischen Räte. Drei Tagzeitengebete. Elf-Uhr-Einheitsgebet. Einübung in das gemeinsame Leben vor Gott im Hören auf Ihn und auf einander.

Aufgaben und Einrichtungen
Haus in Eschenbach, wo die zölibatär lebenden Schwestern wohnen:
Seelsorge an Hilfesuchenden, an Mitarbeitern in Gruppen und Gemeinden, Tagungsarbeit, Gäste.
Bauernhof in Schupf (14 km von Reichenschwand); wo zwei Familien verantwortlich sind: hier können junge Erwachsene, die Orientierungshilfe suchen, mitleben.

Den Weg bereiten im Herzen der Menschen

Der Name des Konvents bezieht sich auf Johannes den Täufer. Er bedeutet für uns, daß dem Herrn in den Herzen der Menschen der Weg bereitet wird. Es ist so wichtig, daß das viele Wissen, das bei den meisten Christen da ist, den Weg vom Kopf ins Herz findet.
Dazu wollen wir einen Raum schaffen, in dem der einzelne sich als ein von Gott Angesprochener erlebt.
Gott hat uns gerufen, zu glauben für die, die für sich selbst kaum noch glauben können, sich aber danach sehnen; denn Gott ist ein Gott der Hoffnung, und Er hat Jesus von den Toten auferweckt.
Die Mitte des gemeinsamen Lebens sind das Wort Gottes und das Gebet. Wir erfahren, wie auch durch das gemeinsame Leben Hilfe und Heilung geschehen, wie der einzelne über seine Nöte hinaus den anderen sieht, ihn annimmt, sich von ihm helfen läßt und selbst zum Helfenden wird. Das Leben in der Einheit und der Liebe mit Gott und miteinander ist die Kraftquelle für unseren Dienst.

Vita communis

Haus Jerusalem, Oßweiler Weg 45, 7050 Waiblingen-Hegnach,
Tel. (07151) 5 37 87
Haus Zion, Ob. Steigstraße 52, 7050 Waiblingen-Hegnach,
Tel. (07151) 5 26 64

Kommunität
17 Schwestern
Leitung: Zionseltern Pfr. Berthold und Frau Elsa Kayser
Oberin G. Käthe Neuburger
1976 gegründet in Hegnach durch das Ehepaar Kayser und Schwester Käthe Neuburger.

Impulse
Schülerinnen einer Evangelischen Fachschule für Sozialpädagogik erlebten mit Schwester Käthe Neuburger im Gästehaus »Zion« bei dem Ehepaar Kayser eine Erweckung. Um 1972/73 reifte der Entschluß zu einem gemeinsamen verbindlichen Leben. Sechs Jahre nach Gründung der Kommunität wurden 1982 die ersten sieben Schwestern eingesegnet.

Geistliches Leben
Die Schwestern wollen in zeichenhafter Weise verwirklichen, daß Jesus Christus war und ist und kommt und heute noch junge Menschen in seine Nachfolge ruft, ihn mit der Ganzhingabe des Lebens zu lieben. Die alte Mönchsregel soll gelebt werden: Bete und arbeite.
Gebetszeiten: morgens Morgenwache mit fortlaufender Bibellese und persönliche stille Gebetszeit; mittags Gebet für Kirche und Volk bzw. Gebet zum Gedenken an das Erlösungswerk Jesu; abends Komplet oder Gebetszeit für bestimmte Fürbitteanliegen und persönliche stille Gebetszeit.

Aufgaben und Einrichtungen
»Haus Jerusalem« ist Wohnhaus für die Schwestern. Die Schwestern üben ihre Berufe aus in Kindergärten, Sonderschule, in Kinderfamilien und auf der Pflegegruppe in Stetten.

»SCHWESTERN AUS GNADEN«
Vita communis – Gemeinsames Leben unter dem Kreuz Jesu – das ist unsere Berufung. Jede Schwester trägt vor ihrem Namen das »G«. »Sola gratia« – allein aus Gnaden, das war Martin Luther wichtig.

Wir heißen also »Schwester aus Gnaden«. Es ist reine Gnade, Jesus Christus lieben zu dürfen mit der Ganzhingabe des Lebens. Wir Schwestern leben im ehelosen Stand, in Gütergemeinschaft und in Übereinstimmung untereinander und mit der geistlichen Leitung.
Herr und Frau Pfarrer Kayser, die geistlichen Eltern der Vita communis, haben ein kleines Gästehaus in Hegnach, das Haus »Zion«. Mit ihnen zusammen hat Schwester G. Käthe Neuburger die Leitung der Kommunität.
Den Weg der Vita-communis-Schwestern nennen wir »Stufen«. Jede Schwester durchläuft drei Stufen bis zur endgültigen Einsegnung. Jede neue Stufe hat ihre besondere Feier. Wenn sich ein junges Mädchen und die Vita communis der Berufung in die Kommunität gewiß sind, wird es nach der Berufungszeit (ca. zwei Monate) als Anwärterin aufgenommen. Darauf folgt eine Bereitungszeit von zwei Jahren, in denen das junge Mädchen bei den Schwestern wohnt und mitlebt und seine angefangene Ausbildung zum Abschluß bringt.
Durch eine Feier tritt die Anwärterin in die erste der drei Stufen. Nach einem halben Jahr wird sie in der Feier der zweiten Stufe eingekleidet, bekommt »Geschwisterkleid«, Stirnband und Brosche und wird ganz in die Gütergemeinschaft aufgenommen. In der Regel nach sechs Jahren erfolgt die endgültige Einsegnung, und damit hat die Schwester die dritte Stufe erreicht und bekommt den Ring der Kommunität.
Wir wissen, daß wir damit nicht fertig sind, und sind dankbar, daß wir in unserer »Familia Dei« immer wieder aufs neue in Gottes Licht treten dürfen und einander den Dienst der Fußwaschung tun. Dabei erleben wir nach dem Wort Jesu, daß uns der Geist in alle Wahrheit leitet. Dies gehört zu den Weiterführungen, auch nach unserer Einsegnung.
Das Heilige Mahl, die biblische Verkündigung, Feiern und Feste im »Haus Zion« sind die Mitte unseres gemeinsamen Lebens. Aus dem Wort Gottes, der persönlichen Stille und den gemeinsamen Gebetszeiten heraus wollen wir unseren Dienst tun. Neben der täglichen Berufsarbeit halten wir auch Gemeindeveranstaltungen, Jugendnachmittage, Konfirmandenunterricht bei Behinderten, Andachten und Kindergottesdienste. Wir freuen uns, ökumenische Kontakte pflegen zu können – auch im Ausland – und dabei etwas zu erfahren von der Einheit der Glieder Jesu über die Grenzen der Konfessionen hinweg.

3. Lebensgemeinschaften

Basisgemeinde Wulfshagenerhütten

2303 Wulfshagenerhütten, Tel. (04346) 56 99

Lebensgemeinschaft von Familien und Ledigen
ca. 50 Personen in Familiengruppen mit je 6 - 10 Gliedern
1973 entstand die »Basisgemeinde Kornwestheim« aus einem ökumenischen Gesprächskreis in der evangelischen Kirchengemeinde Kornwestheim (bei Stuttgart).
Seit 1983 gemeinsames Leben und gemeinsame Arbeit in Wulfshagenerhütten (Übernahme eines ehemaligen Kinderheims der Kieler Stadtmission).

Impulse
Anstöße durch Taizé. Besonders eng verbunden mit den »Bruderhöfen« in England und USA und durch sie auch mit den hutterischen Gemeinden in Kanada und USA.

Geistliches Leben
Die Basisgemeinde rechnet damit, daß das Reich Gottes kommen und Gerechtigkeit und Frieden für alle Menschen und die ganze Welt schaffen wird. »Der auferstandene und heute wirkende Christus ist der alleinige Weg zum Reich Gottes und die einzige ›Methode‹ für Gerechtigkeit und Frieden.« Deshalb ist die Basisgemeinde Wulfshagenerhütten ganz auf die Nachfolge Jesu ausgerichtet. Sie ist bereit, jederzeit dorthin aufzubrechen, wo sie glaubt, daß Christus sie haben will.
»In den Gemeinden Jesu soll vorweggelebt werden, wie dieses Reich der Gerechtigkeit und des Friedens aussehen soll. Die Bergpredigt Jesu ist die Lebensordnung dieses neuen Reiches.« Deshalb versucht die Basisgemeinde, die Bergpredigt wörtlich zu nehmen.
Die Basisgemeinde und alle ihre Mitglieder verstehen sich als »Gemeinde von Sündern, die täglich zurückbleiben und neu anfangen und täglich von der Vergebung leben«.

Aufgaben und Einrichtungen
Der Bau von Gemeinde – als Vorwegnahme von Gottes neuer Lebensordnung für alle Menschen – ist die erste Aufgabe aller, die in Wulfshagenerhütten als Gemeindeglieder oder als Gäste mitleben,

wobei den Gemeindegliedern klar ist, daß Gemeinde ein Geschenk von Christus ist.
Die neue Lebenskultur des Friedens soll in allen Lebensbereichen sichtbar und greifbar Gestalt gewinnen. Zum Mitanpacken dieser Aufgabe ist jeder Mensch guten Willens herzlich eingeladen.
Darüberhinaus pflegt die Gemeinde die Verbindung mit Gemeinden und Gruppen in der Nähe und in der Ferne, die dasselbe tun oder tun wollen.

EIN GEMEINSAMER TAG IN DER BASISGEMEINDE

6.15 Uhr: Frühstück in den Wohngruppen. Die »Wohngruppe« ist eine kleinere Einheit des Gemeinsamen Lebens. Zu einer Wohngruppe gehören in der Regel 6-12 Personen: Ledige, Verheiratete, Kinder, Alte, Junge, Gesunde, Kranke, Gemeindeglieder, Gäste. Für die Zusammensetzung der Wohngruppe sind vor allem praktische Gesichtspunkte leitend, nicht jedoch Sympathien oder Antipathien.
6.45 - 7.30 Uhr: Die Wohngruppen erledigen ihren Haushalt.
7.30 Uhr: Die Gemeinde trifft sich zum Hören auf das Evangelium Jesu, zu Stille und Gebet und zur Ausrichtung auf den gemeinsamen Auftrag.
8 - 12 Uhr: Gemeinsame Arbeit, durch die die Gemeinde ihren Lebensunterhalt bestreitet. Das gemeinsame Arbeiten in Liebe und Geschwisterlichkeit ist wichtiger Bestandteil des Lebenszeugnisses der Gemeinde.
Jeder, ob Gemeindeglied oder Gast, tut die Arbeit, die ihm von der Gemeinde übertragen wird, weil sie notwendig getan werden muß. Dabei ist jede Tätigkeit gleich wichtig: in der Werkstatt für Kinderspielzeug; in der Küche; beim Verkauf von Behindertengeräten und Kindergarteneinrichtungen, die in den befreundeten Bruderhöfen in USA und England hergestellt werden; beim Schlagen und Sägen des Holzes für die Heizung; in Garten und Feld, wo möglichst viel für den Eigenbedarf so angebaut wird, daß die Natur dabei nicht geschädigt wird, und wo deshalb viel Handarbeit nötig ist; bei der Betreuung der Kinder; in der Näh- und Backstube; im Büro; bei der Wäsche; beim Aus- und Umbau; beim Putz; bei Gesprächen mit Gästen; bei der Vorbereitung des Gottesdienstes; beim Besuch anderer Gemeinden usw.
12.15 Uhr: Gemeinsames Mittagessen.
13 - 14 Uhr: Zeit der Ruhe. Verschiedene Dienste.
14 - 18 Uhr: Gemeinsame Arbeit.
18 - 19.15 Uhr: Zeit der Familien. Ruhe. Verschiedene Dienste.
19.15 Uhr: Gemeinsames Abendessen.

20.30 - ca. 21.30 Uhr: Ausrichten der Gemeinde auf den gemeinsamen Auftrag in den verschiedensten Formen: Zusammenkünfte der Gemeindeglieder; Gespräche mit Gästen und Besuchern; Begegnungen mit anderen Gemeinden und Gruppen; Lesen biblischer Texte; Singen und Spielen und Tanzen; Feier des Mahles; Beichte; Vorbereitung von Reisen und Begegnungen außerhalb; Einzelgespräche usw.
Der ganze Tag mit allen seinen Tätigkeiten soll Gottesdienst sein. Deshalb ist jede Beschäftigung gleich wichtig: Arbeit und Ruhe; beten und der Empfang der Gäste; krank sein und Holz fahren; reisen und das Zusammensein mit den Kindern.
So wird die Trennung zwischen Arbeit und Familie, zwischen öffentlicher und privater Zeit, zwischen politischem und persönlichem Bereich überwunden. An die Stelle dieser Trennungen tritt für die Gemeinde und für jeden einzelnen in ihr das »in Christus sein«. Unter Christi guter Herrschaft soll alles und jeder allezeit stehen.

Texte zur Nachfolge

Billige Gnade ist der Todfeind unserer Kirche. Unser Kampf heute geht um die teure Gnade...
Teure Gnade ist der verborgene Schatz im Acker, um dessentwillen der Mensch hingeht und mit Freuden alles verkauft, was er hatte; die köstliche Perle, für deren Preis der Kaufmann alle seine Güter hingibt; die Königsherrschaft Christi, um derentwillen sich der Mensch das Auge ausreißt, das ihn ärgert, der Ruf Jesu Christi, auf den hin der Jünger seine Netze verläßt und nachfolgt.
Teure Gnade ist das Evangelium, das immer wieder gesucht, die Gabe, um die gebeten, die Tür, an die angeklopft werden muß.
Teuer ist sie, weil sie in die Nachfolge ruft, Gnade ist sie, weil sie in die Nachfolge Jesu Christi ruft; teuer ist sie, weil sie dem Menschen das Leben kostet, Gnade ist sie, weil sie ihm so das Leben erst schenkt; teuer ist sie, weil sie die Sünde verdammt, Gnade, weil sie den Sünder rechtfertigt. Teuer ist die Gnade vor allem darum, weil sie Gott teuer gewesen ist, weil sie Gott das Leben seines Sohnes gekostet hat – »ihr seid teuer erkauft« –, und weil uns nicht billig sein kann, was Gott teuer ist. Gnade ist sie vor allem darum, weil Gott sein Sohn nicht zu teuer war für unser Leben, sondern er ihn für uns hingab. Teure Gnade ist Menschwerdung Gottes.
Teure Gnade ist Gnade als das Heiligtum Gottes, das vor der Welt behütet werden muß, das nicht vor die Hunde geworfen werden darf.

Dietrich Bonhoeffer, Nachfolge

Unser Leben wird nicht enger sondern weiter werden, nicht umgrenzter sondern uferloser, nicht angeordneter sondern flutender, nicht pedantischer sondern großzügiger, nicht nüchterner sondern enthusiastischer, nicht kleinmütiger sondern waghalsiger, nicht menschlicher und schlechter sondern gotterfüllt und immer besser, nicht trauriger sondern glücklicher, nicht untüchtiger sondern schöpferischer. Das alles ist Jesus und sein Geist der Freiheit. Er kommt zu uns. Deshalb wollen wir uns über nichts grämen, allen alles vergessen, wie uns alles vergessen werden muß – und strahlend vor Freude in die Zukunft gehen. Bleibet und wartet bis ihr ausgerüstet werdet mit der Kraft aus der Höhe! Eberhard Arnold, 1922

Wir sind Studenten oder Väter oder Mütter, wir haben Berufe, Karrierepläne und Hoffnungen für die Zukunft. Aber irgendwie haben wir noch nicht alles, was wir an Jesus Christus haben, wenn wir noch nicht bereit sind, die Kosten dafür zu zahlen, d.h. Jesus nachzufolgen. Aber das Evangelium macht es ganz klar, daß die Freiheit, die wir in Jesus haben, nur dann zu erringen ist, wenn wir den Preis dafür zahlen...

Daher geht es um nicht weniger als um die Zukunft der westlichen Welt und auch um die Zukunft unseres eigenen Lebens. Wir können natürlich weiter in unseren Illusionen leben und können natürlich auch die Geschichte und die Leute, die ihren Einfluß immer stärker auf uns ausüben, ignorieren. Wir können uns auch irgendwo von den Schreien der Armen abwenden oder sie zu einer Idee oder einem sozialen Projekt machen, um dann doch andere Möglichkeiten und Zukunftsaussichten für uns zu rechtfertigen – oder wir können sehen, wie Jesus in unserer Mitte steht. Doch Jesus stellt uns nur eine einzige Frage: Wollt ihr mir nachfolgen? Das ist der Anfang von Gemeinschaft: Menschen, die den Ruf gehört haben, Jesus nachzufolgen, die den Schritt gegangen sind und sich ineinander verliebt haben. Wenn wir das tun, dann gibt es große Hoffnung für die Kirche. Vielleicht sitzen wir eines Tages wieder an einem Tisch mit den Geschwistern aus den armen Kirchen, wenn alle alles aufgegeben haben, um Jesus zu folgen. Dann sind wir der Leib Christi...

Jim Wallis (aus einer Ansprache 1983)

Die neue Lebenskultur des Friedens

Reden wir Christen vom Frieden, weil zur Zeit alle davon reden?...
Der Friede gehört ins Zentrum des Zeugnisses der Gemeinde Jesu Christi – mehr noch: ist das Zentrum ihres Zeugnisses. (»Zeugnis« meint im Neuen Testament das, wofür wir mit unserem Leben ein-

stehen und was wir mit unseren Leibern veranschaulichen). Die Gemeinde Jesu soll und kann mit Leib und Leben den Frieden veranschaulichen, den Gott der ganzen Welt von Herzen wünscht. »Friede« (Schalom) in der Bibel ist jene neue Lebensordnung, in der die Menschen in der rechten und heilenden Beziehung zu Gott, zu ihren Mitmenschen und zur Natur als Schöpfung Gottes leben. Die Bergpredigt Jesu ist die Grundordnung dieser neuen Lebenskultur des Friedens. Auf dem Boden dieser Grundordnung soll Jesu Gemeinde damit anfangen, diese neue Lebenskultur des Friedens so einladend zu leben, daß die Völker dieser Welt aufhorchen und aufsehen wie zu einer Stadt auf dem Berge und angelockt werden von dieser neuen Kultur und freiwillig ihre Schwerter zu Pflugscharen schmieden und keine Lust mehr haben, für den Krieg zu üben (Jes. 2)...
Jesus sieht auf die Position Gottes: das Reich Gottes, dessen Nahekommen er ansagt. Er lädt seine Nachfolger dazu ein, dem Kommen dieses Reiches für die ganze Welt entgegenzuleben, indem sie mit der radikalen Umkehr weg von ihrer seitherigen Sicherheitskultur beginnen und mit ihren Leibern die neue Lebenskultur des Friedens aufbauen lassen.
Erstes Kennzeichen dieser neuen Lebenskultur des Friedens ist die Nachfolge... Jesus selber ist der Weg, die Methode, und Menschen, die umkehren wollen, begeben sich in der Gemeinschaft mit anderen Umkehrwilligen auf einen offenen Weg mit Jesus. Sie leben in der Nachfolge. Sie lassen alle Sicherheiten des Geldes und der Vorsorge fahren und geben ihre Positionen des Berufs oder festgelegter Lebensentwürfe auf, um tatsächlich und real sich auf einen offenen Weg mit Jesus machen zu können...
Ein weiteres und damit unmittelbar zusammenhängendes Kennzeichen dieser neuen Lebenskultur des Friedens ist, daß wir miteinander teilen; daß wir aus unserer Kultur des Raubens, des Privatbesitzes (das Private ist – wörtlich übersetzt – das den anderen Geraubte) umkehren in die Lebenskultur des Miteinanderteilens, des Schenkens und des Sich-Verschenkens. Das »sie hatten aber alles gemeinsam« der ersten Christen war kein randläufiges Experiment, sondern Zentrum der neuen Lebenskultur der ersten Christen...
Ein weiteres Kennzeichen dieser neuen Lebenskultur des Friedens ist, daß wir Christen in Gemeinschaft leben: als Gemeinde leben. »Seht wie haben sie einander so lieb!« sagten die Menschen erstaunend über die ersten Christen und meinten das neue Sozialgefüge, in dem sie miteinander lebten. Wir müssen heraustreten aus der Kultur des Einzelnen und Einsamen in die neue Friedenskultur verbindlicher Gemeinschaft, in der einer mit seinem Leben für den anderen

einsteht. Meine Freiheit ist dann nicht mehr die, daß ich mir alle Möglichkeiten offenhalte, sondern daß ich mich Gott und meinen Nächsten verspreche und ihnen verbindlich zusage, daß ich bei ihnen bleibe. . .
Wenn wir Christen uns wirklich für den Frieden engagieren wollen, dann müssen wir umkehren aus unserer Kultur der Sicherheit und des Mammons und des Einzelnen in die neue Lebenskultur des Friedens: umkehren zu einem offenen Weg in der Nachfolge Jesu; umkehren zu einem Leben des Miteinanderteilens; umkehren zu einem Leben in verbindlicher Gemeinschaft; umkehren zur Gemeinde im ursprünglichen Sinn. Basisgemeinde Wulfshagenerhütten, 1984

Communio Christi

An den Weiden 3, 6000 Frankfurt 50, Tel. (069) 52 91 46

Kommunitäre Großfamilie
15 Männer und Frauen, darunter auch eine Kleinfamilie
Leitung: Friedrich Meisinger (Dipl.-Rel.-Päd.)
1972 in Frankfurt entstanden aus einer verbindlich geführten Mitarbeiterschaft im Ring der Evangelischen Jugendwerke in Hessen.

Impulse
Die Ausrichtung auf das Vorbild der Urgemeinde führte zu neuen Formen kommunitären Zusammenlebens.

Geistliches Leben
Mittelpunkt des gemeinsamen Lebens ist das Tageszeitengebet am Anfang des Tages mit Psalmengesängen, Meditation über der Tageslosung, Hören auf den biblischen Tagestext, Gebetsgemeinschaft, Vaterunser und Segenszuspruch. Montags wird das Abendmahl gefeiert, sonntags der Gemeindegottesdienst besucht.
Keine Gelübde, sondern gemeinsames Leben auf Zeit.

Aufgaben und Einrichtungen
Die Großfamilie bewohnt ein Haus in Frankfurt, dazu gemietete Wohnungen in der Nachbarschaft. Die Glieder arbeiten in ihren Berufen, bzw. gehen einer beruflichen Ausbildung nach. Daneben werden verschiedene soziale Aufgaben übernommen (Anlaufstelle für ratsuchende Menschen, vor allem Jugendliche). Die missionarische Jugendarbeit des Evangelischen Jugendwerkes in Frankfurt wird nach Kräften unterstützt (z.B. Hauskreise, missionarische Mitarbeiter- und Vorbereitungskreise, sowie Freizeiten).

Als der Gründer 1966 hauptamtlich in den Dienst der evangelischen Jugendarbeit eintrat, wurde ihm sehr bald deutlich, daß ein Werte- und Normenkonflikt größten Ausmaßes alle überkommenen Formen kirchlichen und sozialen Zusammenlebens in Frage stellen würde. In einer Bibelarbeit über Apg. 2, 42ff. entsteht eine Vision über neue Formen kommunitären Lebens. Gewiß, die Urgemeinde ist nicht übertragbar in das zu Ende gehende zweite Jahrtausend; und doch zeigt Gott eine unverbrüchliche Wahrheit in den Ereignissen der ersten Gemeinde von Jerusalem an.
Es wird der nie zu Ende gehende Versuch immer wieder neu unternommen, im geistlichen, intellektuellen und materiellen Bereich gemeinsames Leben zu verwirklichen.
Die Grundlage der Arbeit läßt sich in zwei Sätzen festhalten:
Unter dem Kreuz: das bedeutet, wer in der kommunitären Großfamilie lebt, ist bereit, aus der Vergebung seiner Schuld durch Jesus Christus zu leben und selbst allen anderen zu vergeben, wo immer dies erbeten wird.
Das Kreuz in der Mitte: alle Lebensbereiche sind Jesus Christus als der zentralen Mitte des Glaubens und des Lebens zugeordnet.
Das Zusammenleben ist in äußeren Formen durch Absprache geregelt.
Die wichtigste Regel dabei ist: Nicht übereinander, sondern miteinander reden!
Als Leitsatz gilt das Wort Jesu Christi: Du sollst Gott, deinen Herren, lieben von ganzem Herzen, ganzer Seele und ganzem Gemüte, und deinen Nächsten wie dich selbst.
Gemeinsame Mahlzeiten, Austausch von persönlichen Fragen, gemeinsames Feiern, theologisches Arbeiten, sowie das Reflektieren von Problemen aus Politik und Gesellschaft, gehören genauso zu unserem Zusammenleben wie die individuelle Hilfe, die jeder bereit ist, jedem dort zu geben, wo sie gebraucht wird.
Gleichzeitig wird der persönliche Lebensraum des einzelnen respektiert und nach Kräften ermöglicht.
Die »Communio Christi« ist keine Kommunität mit Gelübden, sondern eine kommunitäre Großfamilie, in der gemeinsames Leben auf Zeit eingeübt werden kann. Jeder kann jederzeit wieder seines Weges ziehen.

Communität Lindenhof

Oberböhringer Straße 5, 7340 Geislingen/Steige,
Tel. (07331) 6 77 23/6 30 93

Christliche Lebensgemeinschaft von Verheirateten und Unverheirateten
8 Erwachsene und 9 Kinder
Leitung durch den Hauskonvent aller erwachsenen Mitglieder
1979 in Ulm entstanden um zwei Pfarrersfamilien.
Seit 1983 in Geislingen.

Impulse
Die Communität versucht, verbindliche Gemeinschaft in der Nachfolge Jesu zu leben. Sie erwartet, daß dabei die persönliche Frömmigkeit mehr Kraft gewinnt und die Fähigkeit zunimmt, Kampf und Konflikte zu riskieren.
Wichtig wurden: die gottesdienstlich-liturgische Erneuerung, ökumenische Offenheit, politisch-soziales Engagement, Gewaltfreiheit in der Nachfolge Jesu, die heilende Dimension von Glaube und Gemeinschaft, Freude an der Schöpfung und der Einsatz für ihre Erhaltung.

Geistliches Leben
Im Alltagsleben wird eine Balance von Aktivität und Kontemplation, von körperlicher und geistiger Arbeit erstrebt. Der Tagesrhythmus ist geprägt von regelmäßigen Zeiten der Stille und des Gebets (drei Gebetszeiten). Man übt sich im Miteinander-Teilen.

Aufgaben und Einrichtungen
Drei Häuser auf dem Gelände eines ehemaligen Kinderheimes für das Gemeinschaftsleben der Communität und für Gäste.
Angebot von meditativen und kreativen Tagungen.
Praktikum für Theologiestudenten.

Gemeinsam Passion und Ostern erleben

Wir wollen »Lebens-, Arbeits- und Andachtsformen erproben und praktizieren, die die heilende und erneuernde Kraft des christlichen Glaubens erfahrbar machen«: so steht es in unserer Satzung. Diese Kraft wird »im schöpferischen Umgang mit Bibel und christlicher Tradition sowie den vielfältigen Lebensformen der Kirchen lebendig«.
Ein Beispiel, in welchem sich dies konzentriert, ist die Feier der Karwoche »Gemeinsam Passion und Ostern erleben«:

Die Hausgemeinschaft und die Gäste teilen sich die Arbeit in Haus, Küche und Garten. Wer möchte, läßt sich auf die Erfahrung des Fastens oder reduzierter Kost ein; aber auch die anderen essen bewußt einfach. Wir singen und musizieren viel gemeinsam, auch als Vorbereitung unserer Andachten und Gottesdienste.
Am Gründonnerstag versammeln wir uns zum Fußwaschungsgottesdienst – für uns die Wiederentdeckung eines »Sakramentes«, in welchem die Liebe und Zuwendung Gottes durch den Nächsten hindurch körperlich spürbar wird. Am Karfreitag besuchen wir den Gemeindegottesdienst. Dann verbringen wir den Tag im Schweigen. Wir gedenken des Leidens Jesu und des Leidens in der Nähe und Ferne in einer Gebetskette von der Todesstunde Jesu bis zum Karsamstag morgen: »Bleibet hier und wachet mit mir, wachet und betet.«
In einer großen Osternachtfeier in der alten Kirche der Stadt, die vier Stunden dauert, vereinigen wir uns als Communität mit den Gästen und Gemeindegliedern, um den Durchgang von Karfreitag zu Ostern in vielerlei Gestalt zu erleben. Ein Osterspaziergang von klein und groß am Sonntag als Ausdruck der Freude an der Schöpfung und die Teilnahme an einer Friedensdemonstration (1984) am Ostermontag runden diese gemeinsamen Tage ab.
Eine erfüllte Woche – Ermutigung für den Alltag, der auch in unserer Communität alltäglicher ist als bei solchen Höhepunkten.

Communitaet Simonshofen

8560 Lauf a.d. P., Tel. (09123) 1 38 13

Lebensgemeinschaft von 4 Gliedern
1970 in München entstanden als »Kommunität München«. Seit 1981 in Simonshofen bei Lauf.

Impulse
Anstöße kamen aus der charismatischen Bewegung, aus dem Benediktinertum, von Taizé und der Evangelischen Michaelsbruderschaft.

Geistliches Leben
Das gemeinsame Leben ist geprägt von den vier Gebetszeiten, von Bibelabenden und häufigem Empfang der Eucharistie. In den »Ba-

sissätzen« wird die Absichtserklärung zu einem bewußt christlichen Lebenswandel zum Ausdruck gebracht. Man praktiziert einen einfachen Lebensstil.

Aufgaben und Einrichtungen
Betreuung von Strafgefangenen und Entlassenen durch die »Christliche Initiative für Strafgefangene und Strafentlassene« (CISS e.V.): Gestaltung von Gottesdiensten in Gefängnissen, Briefkontakte, Besuche, Begleitung bei Ausgang und Urlaub, Aufnahme und Begleitung von entlassenen Strafgefangenen u.a.
Eigenes I.S.T.-Programm (Individ. Sozial-Training).
Freizeitangebot. Informationsarbeit.
Zeitschrift »GNAST« (Gute Nachricht an Strafgefangene).
Tagungsstätte (bis 15 Personen).
Kommunität auf Zeit.

Das Zeichen

Ein Zeichen –
kreuzförmig in Griechisch,
»Licht« und »Leben«
vor einem Fisch –
Ausdruck von Gemeinschaft,
Orientierung – Hilfe
für unterwegs.

Der Fisch –
Gemeinsymbol der Ur-Gemeinde
für Christus, den Retter –
Er, der da ist,
nicht für jeden erkennbar,
nicht sofort,
aber an-wesend.

Das Kreuz –
Skandal-Zeichen der Kirche,
Linien der Verbindung
von Gott zu uns, von mir zu dir –
gleichermaßen
für Sterben und Auferstehen.
Karfreitag und Ostern.

Das Licht –
mehr als nur
›nicht dunkel‹.
Es leuchtet
für mich, durch mich
für dich (?).
Kein Leben ohne Licht.

Das Leben –
mehr als nur
›nicht tot‹.
Es lebt
für mich, durch mich
für dich (?).
Kein Licht ohne Leben.

Das Omega –
Endpunkt eines Systems,
Zeichen der Endlichkeit
von Empfinden und Denken
Sagen und Tun.
Schnittpunkt von Licht und Leben.
– Ich (?) –

Das Zeichen
Krücke, Weg, Hinführung,
Erinnerung vielleicht –
lebendig leuchten und
leuchtend leben
vor dem Kreuz und
inmitten aller Begrenztheit.

Auszug aus »Licht und Leben – Entwurf einer Geistlichen Lebensordnung der Communitaet Simonshofen«

»Wir wollen in Gütergemeinschaft leben und in den persönlichen Bedürfnissen anspruchsloser werden.«
Das bedeutet: »Güter« sind nicht nur die materiellen Dinge, sondern weit mehr als das. Im Umgang mit allem über sich hinauskommen.
Katalog: Nicht Besitzer, sondern Verwalter
Hin zum Wesentlichen
Lebens-Glaubens-Hoffnungs-Freuden-Zweifel-Kontemplations-Schweige-Jubel-Leidens-Begabungs-Gebets-Gemeinschaft

Freiheit und Neidlosigkeit
Anteil geben/Anteil nehmen
(Dazu erklärend aus dem Vorwort:) . . .dabei meint das »Wollen« nicht so sehr unsere eigene aktive Stärke, sondern eher ein passives Zulassen dessen, was wir glaubend als richtig erkennen. Wir können unser Leben nicht regeln. Was wir können, ist lediglich formulieren, was wir davon verstanden haben, wie unser Leben sein sollte. Und mit Gottes Hilfe können wir davon etwas verwirklichen. Es sind Absichts-Erklärungen. . .
. . . Dem allem können wir als einzelne Glieder der Gemeinschaft nur in sehr unterschiedlicher Intensität gerecht werden, und die Zeit lehrt uns, daß selbst die Möglichkeiten des einzelnen immer wieder Schwankungen unterliegen. Es hilft uns, einander die sehr persönliche Freiheit – aber auch die Verantwortung – der eigenen Entscheidung zu belassen. . .

Laurentiuskonvent

Geschäftsstelle: 3549 Diemelstadt-Wethen, Laurentiushof,
Tel. (05694) 4 47

Hausgemeinschaften und überregionales Netz für Familien und Einzelpersonen
35 Mitglieder
Leitung: fünfköpfiger Vorstand
1959 gegründet in Falkenburg bei Delmenhorst
von Wilfried Warneck (zuvor 2 Jahre in Taizé)
1965-1981 Hauptsitz: Malteserhof in Römlinghoven bei Bonn
ab 1975 Laurentiushof Wethen in einem kleinen Dorf in Nordhessen
ab 1978 Laurentiushof Bosenholz b. Paderborn.

Impulse
Erfahrungen aus der evangelischen Jungenschaft, der Studentengemeinde, Jungen Gemeinde, den Kommunitäten Imshausen und Taizé.

Geistliches Leben
Versuch, die strukturellen Voraussetzungen für ein ganzheitliches Leben im ›Schalom Gottes‹ zu schaffen: gemeinsames Wohnen, gemeinsames Eigentum bzw. Einkommensgemeinschaft, gemeinsame Willensbildung. (»Einer trage des anderen Last« als Erfüllung des »Gesetzes Christi«.)

›Schalom‹ wird dabei verstanden
als Leben in verbindlicher Gruppe, Hausgemeinschaft oder Nachbarschaft;
als Bereitschaft zum Dienst in Beruf, Gesellschaft, Friedensarbeit;
als Vergegenwärtigung des von Gott vorgegebenen Friedens in der Feier von Gottesdiensten, Festen, in Muße und Kreativität.
Theologische Basis: D. Bonhoeffers Gedanken zur »nichtreligiösen Interpretation biblischer Begriffe«.
Die religiösen Formen wandeln sich je nach den Möglichkeiten und Lebensrhythmen der jeweiligen Hausgemeinschaften. Auf dem Malteserhof strukturierten drei Stundengebete den Tagesablauf; in Wethen gibt es ein Schalom-Gebet zum Wochenschluß, Teilnahme am Dorfgottesdienst und viele tastende Experimente; in Bosenholz trifft man sich täglich zu gemeinsamem Abschluß im Stille-Raum.

Aufgaben und Einrichtungen
»Der Laurentiuskonvent sammelt Christen, die bereit sind, Formen verbindlichen Lebens und Dienens im Geist des Evangeliums Christi zu erproben und dadurch zur Erneuerung der Kirche und zur Veränderung der Welt beizutragen.« (Satzung)
Schwerpunkte des Engagements liegen heute in gesellschaftlicher und kirchlicher Basisarbeit: z.B. Kirchentag (Schalom-Forum 1973), Initiativgruppen, Sozialarbeit (Obdachlose, Gemeinwesenarbeit), Dritte-Welt-Arbeit, amnesty international, Friedensbewegung (Aktionsgemeinschaft Dienst für den Frieden – AGDF), Ökumene, Publik-Forum.
Stationen: Laurentiushof Wethen, Laurentiushof Bosenholz, Gruppe Wetzlar.
Die »Nachrichten aus Wethen« bringen regelmäßige Informationen.

LEBENDIGE GLIEDSCHAFT

Niemand kann Christ sein ohne lebendige Gliedschaft
in der Gemeinde.

Um dem Willen Gottes in der Wirklichkeit unseres heutigen Lebens greifbar deutliche Gestalt zu verleihen, gehen wir im Sinne solcher lebendigen Gliedschaft innerhalb unserer Kirche miteinander eine umfassende und verbindliche Gemeinschaft ein. Die aus dem Glauben erwachsende brüderliche Liebe will auch durch uns im Zusammenleben der Menschen unmittelbar in Erscheinung treten.
Die Gemeinde Gottes in unserer Welt kann nicht eine Gemeinschaft bleiben, die nur die innerlichen Bezirke unseres Daseins umfaßt.

Auch unser Leben in der Welt wartet darauf, Verheißung, Auftrag, Segen und Erfüllung vom Wort und Anruf der Gemeinde her zu erhalten...
Das tägliche Leben mit den Brüdern und Schwestern läßt uns die Wirklichkeit, Tragweite und Schönheit des uns von Gott ermöglichten Daseins in Vergebung, Liebe und Brüderlichkeit erfahren.
So geübt und in solcher Erfahrung der Wirklichkeit Gottes gerüstet und getröstet, sind wir bereit, Zellen des Glaubens und der brüderlichen Liebe für die Menschen zu bilden, unter denen wir leben...
Eine Lebensordnung der Gruppen ergibt sich aus ihren jeweiligen Besonderheiten und muß von ihnen selbst – aber im Blick auf die Erfahrungen und Ziele des ganzen Konvents – entwickelt werden. Sie ist als Ordnung der Freiheit zu entwerfen, die den einzelnen in die schöpferische Nachfolge Christi ruft...

Aus der »Vorläufigen kurzen Regel«

GEDANKEN NACH EINER ASSISI-REISE IM LUTHERJAHR

...Evangelisches, evangeliumsgemäßes Christentum beginnt nicht erst 1517. Der Mann aus Assisi vermittelt Einsichten, die wir dringend brauchen. Und er tut es nicht verbal, mit klugen Schriften und Predigten. Schließlich ist Franz kein Professor wie Luther. Im Gegenteil, erst in der Begegnung mit Franz wird einem deutlich, wie ›verkopft‹, intellektuell, abstrakt, eben professoral unser protestantisches Christentum ist. Seitdem habe ich noch größeres Unbehagen, den schwarzen Talar anzuziehen, der ja nichts anderes ist als die Amtskleidung der Wittenberger Professoren. Was hat sie mit der Verkündigung des Evangeliums zu tun? Franz hält keine Vorlesungen. Er nimmt uns bei der Hand und lädt uns ein, mit ihm zu ziehen, teilzunehmen an seinem Leben mitten unter den Menschen, glücklich über diese schöne Erde und voller Dankbarkeit gegenüber einem Gott, der so großzügig und verläßlich ist...
Seit Weihnachten steht nun sein Bild, ein Mitbringsel aus Assisi, fast in Lebensgröße in unserem neuen Stille-Raum; bescheiden in einer Ecke schweigt er mit uns oder verfolgt mit prüfendem Lächeln unsere ungelenken Versuche, die uns angemessene Spiritualität herauszufinden.
Vielleicht wird man uns in Zukunft noch häufiger fragen, ob wir katholisch seien. Aber vielleicht hilft Franz uns und anderen, über unsere konfessionellen Grenzen hinauszukommen... Es wird gut sein – allerdings auch unbequem und beunruhigend –, ihn in der Nähe zu wissen und mit ihm im Gespräch zu bleiben.

Aus: Nachrichten aus Wethen Nr. 14

Reise in ein zerrissenes Land – Guatemala

...Im vergangenen Sommer hatte ich die Möglichkeit, Guatemala zu bereisen. Dabei lernte ich erstmals direkt und hautnah ein fast unbeschreibliches Grauen und Elend kennen, das ich sonst nur aus der Ferne, also aus Schriften und Bildern kannte...

Wir haben einen Minister dieser Regierung gesprochen, die dafür die Verantwortung trägt. Der Minister, ein netter Mann, ein bißchen nervös, gebildet. Es wurden feinsinnig symbolische Geschichten ausgetauscht. Er berief sich auf Gott, geht möglicherweise jeden Sonntag in die Kirche...

Wir haben Indianer gesprochen, deren halber Ort hingemetzelt worden war, denen die Angst und das Grauen in den Augen standen. Wir haben Nonnen gesprochen. Wir mußten weinen. Wir, das waren fünf gestandene, über all die Probleme dieses Landes, und der Dritten Welt überhaupt, bestens informierte Männer! Es bleibt ein Rest von Nicht-fassen-Können...

Und wir wissen, diese ganze Welt bräuchte nicht zu hungern, es ist ausreichend für alle da, es müßte nur geteilt und verteilt werden. So kam es dann kurioserweise dazu, daß dem guatemaltekischen Minister unser Wethener Projekt als Dritter Weg empfohlen wurde: der Versuch zu teilen, Besitzerwerb zu beschränken, andere Befriedigungsformen als Besitz zu finden...

Der Einwand, der immer wieder kam: So ein weitgehender Verzicht auf persönlichen Besitz und auf Verfügungsgewalt kann doch nicht gut gehen! Da profitieren doch nur die Dummen und Faulen von den Fleißigen und Fähigen! Dann strengt sich keiner mehr an und dann werden wir alle hungern müssen.

Ja, das kommt auch vor und ist dann m.E. Ausdruck persönlicher und/oder gesellschaftlicher Fehlentwicklung. Aber das Hauptproblem liegt in jedem von uns selbst, indem wir meinen: wenn wir uns und den Unsrigen ein Scherflein anhäufen, eine Mauer drum bauen und vielleicht noch Wachtposten aufstellen, dann werden wir und die Unsrigen gegen Unbill gefeit sein. Diese Haltung stellt sich mehr und mehr als ein fundamentaler Irrtum heraus. Denn diese Welt ist in Wahrheit eine große Familie. Und die Armut und das Elend der manchmal nur eine Ecke, manchmal auch ein Weltmeer entfernt lebenden Verwandten betrifft mich existentiell mit. Das zu begreifen ist nach meiner Überzeugung notwendig, um diese Welt vor dem Holocaust zu retten...

Aus: Nachrichten aus Wethen Nr. 14

Lebensgemeinschaft für die Einheit der Christen

Schloß Craheim, Wetzhausen, 8721 Stadtlauringen 1,
Tel. (09724) 2073

Familiengemeinschaft
10 Glieder
Entstanden aus den Anfängen der Arbeit auf Schloß Craheim 1968.

Kommunität Jesu-Weg
6 Schwestern
Leitung: Sr. Lore Scheurer
1973 entstanden.

Impulse
Gemeinsame geistliche Erfahrungen und das Anliegen der Einheit der Christen führte 1968 zur Entstehung des »Lebenszentrums für die Einheit der Christen, Schloß Craheim«. Angehörige verschiedener Landeskirchen, Freikirchen und der katholischen Kirche versuchten, im gemeinsamen Leben, Glauben und Denken einander besser kennen und verstehen zu lernen. Es sollte ein Ort sein, wo die besonderen Gaben und Erfahrungen der verschiedenen Konfessionen zusammenwirken können und wo man sich üben kann, aufeinander zu hören und voneinander zu lernen. Diese Impulse bestimmen seither das Leben und die Arbeit der beiden Gruppen im Lebenszentrum.

Die Familiengemeinschaft versteht sich, wie alle Gruppen in Craheim, als eine Zelle im Organismus des Lebenszentrums. Sie besteht aus Ehepaaren mit und ohne Kinder und aus ehelos lebenden Frauen. Jeder hat eine persönliche Führung in den Auftrag an der Einheit der Christen und in das Werk hinein erlebt. Aus dem gemeinsamen Dienst – einige sind von Anfang an dabei – erwuchs gemeinsames brüderliches Leben.

Die Kommunität Jesu-Weg entstand aus einem Aufbruch zu verbindlichem, gemeinsamem Leben. Richtungweisend wurden die Bergpredigt und das Anliegen der Einheit des Leibes Jesu (Joh. 17,21). Anstöße kamen durch Begegnungen mit evangelischen und katholischen Gemeinschaften wie Taizé, Marienschwestern und Kleine Schwestern Jesu.

Geistliches Leben

Der Name »Jesu-Weg« und die Evangelischen Räte geben die Ausrichtung für das gemeinsame Leben der Kommunität. Das dreimalige gemeinsame Gebet in Dank, Anbetung und Fürbitte ist die Antwort auf die Liebe des Dreieinigen Gottes und schließt die Bitte um die Einheit ein.

Die Familiengemeinschaft hat neben dem täglichen Gebet um die Einheit und den Andachten sowie den regelmäßigen Begegnungen mit den anderen Gemeinschaften im Zentrum die feste Einrichtung des wöchentlichen Familienabends, abwechselnd in den Wohnungen, mit Austausch und Gebet.

Aufgaben und Einrichtungen

Die »Lebensgemeinschaft für die Einheit der Christen« trägt die Verantwortung für die Arbeit der evangelisch geprägten »Begegnungsstätte« im Schloß.

Zum Lebenszentrum gehört außerdem der katholisch geprägte »Franziskushof« (Haus der Stille). Die Arbeit in den beiden Häusern geschieht auf bewußt ökumenischer Basis, wobei die Konfessionen ihre Identität und Wahrheit einander voll zumuten. Sie zielt

- *auf Erneuerung und Vertiefung des Glaubens als eine wesentliche Voraussetzung für das Einswerden der Christen,*
- *auf Schritte der Versöhnung in der zerrissenen Christenheit,*
- *auf persönliche Seelsorge,*
- *auf biblisch orientierte Ehe- und Familienseelsorge,*
- *auf missionarisch-diakonische Zurüstung zur Mitarbeit in den Gemeinden,*
- *auf Reflexion über Fragen christlicher Erziehung, persönlichen Lebensstils und verantwortlichen Lebens mit der Schöpfung.*

Die teils gemeinsamen Veranstaltungen und Unternehmungen finden in den beiden Häusern des Lebenszentrums statt, aber auch auswärts in Gemeinden usw.

Durch den »Ökumenischen Schriftendienst« und den Vertrieb von Schrifttum im Sinne des Gesamtauftrages wird Breitenwirkung angestrebt.

»Dein Reich komme ...« – oder: Einssein will gelebt sein

Wir haben einander nicht ausgesucht. Wir wurden aus allen Himmelsrichtungen zusammengeführt. Jeder sah sich der Notwendigkeit gegenüber, es mit dem anderen – dem manchmal ganz anderen

– zu wagen, mit ihm eine Lebens- und Dienstgemeinschaft einzugehen. Keineswegs unverbindlich – im Gegenteil.
Wir waren alle guten Willens, voller Erwartung und Zuversicht. Man hatte ja »Führung« erlebt, das Eingreifen Gottes in das persönliche Leben, das Schließen und Öffnen von Türen, das Deutlichwerden eines Weges – der für uns nach Craheim führte. Wir kamen mit Ideen, mit Opferbereitschaft und Tatendrang. Niemand ahnte, wie verschieden wir dachten, fühlten und glaubten. Wir kamen aus verschiedenen Konfessionen und Gruppen, aus verschiedenartigen geistlichen Prägungen. Schwierige und schwerwiegende Erfahrungen waren vorprogrammiert.
Die Phase des Aufbruchs war die der Freude. Einander zu lieben schien leicht. Dann sahen wir uns deutlicher: Gegenseitig und jeder auch sich selbst – und doch noch in Grenzen. Überhaupt die Grenzen! Finanzielle, räumliche; Grenzen der Belastbarkeit, der Offenheit, der Vorstellungskraft und des Vertrauens, der Hingabe. Das ging ohne Leiden, ohne Enttäuschung nicht ab. Für manche auch nicht ohne Resignation.
Dann wie ein Neuanfang: Verunsichert, zögernd zunächst, mit dem Willen zu »hören«, doch mit dem Zuspruch: »Fürchte dich nicht, du kleine Herde.«
Viererlei wurde uns wichtig: In allem die Einmütigkeit zu suchen und zu wahren, aneinander festzuhalten, füreinander zu denken und uns immer wieder zu erinnern an die Wunder, die wir erlebten. So wuchs Vertrauen. Doch das reicht nicht. Denn zu groß können die Irritationen sein, die wir einander bereiten. Wir mußten lernen, mit unseren Fehlern umzugehen – mit den eigenen und denen der anderen. Aus Vergebung zu leben wurde zur Notwendigkeit. Denn der Auftrag stand fest: Der Einheit der Christen zu dienen, als Glied den Gliedern und so der Kirche, zum Kommen des Reiches Gottes und der Herrschaft seines Christus.

Reinhard Thiel

Erfahrung der Stille

Vor längerer Zeit las ich das Büchlein »Der Anspruch des Schweigens« von Anselm Grün. Er schreibt: »Schweigen meint nicht bloß, daß ich nichts rede, sondern, daß ich die Fluchtmöglichkeiten aus der Hand gebe und mich aushalte, wie ich bin. Ich verzichte nicht bloß auf das Reden, sondern auch auf all die Beschäftigungen, die mich von mir selbst ablenken. Im Schweigen zwinge ich mich, einmal bei mir zu sein. Wer das versucht, der entdeckt, daß es zunächst gar nicht angenehm ist. Es melden sich da alle möglichen Gedanken und

Gefühle, Emotionen und Stimmungen, Ängste und Unlustgefühle. Die ersten Augenblicke des Schweigens enthüllen uns oft unser inneres Durcheinander, das Chaos unserer Gedanken und Wünsche. Es ist schmerzlich, dieses Chaos auszuhalten. Das Schweigen ist wie eine Analyse unseres Zustandes, wir machen uns nichts mehr vor, wir sehen, was in uns vorgeht.«
Für mich und unsere Gemeinschaft ist es wichtig geworden, täglich eine gemeinsame Stille, ein solches gemeinsames Schweigen vor Gott zu erleben. Gewiß macht dabei jeder seine eigene Erfahrung und sicher auch täglich ganz verschieden. Aber ich glaube, daß wir gemeinsam sagen können, daß Gott in der Stille zu finden ist und daß die Stille ein wichtiger Angelhaken ist für alles Tun und alle Anforderungen, die das Gemeinsame Leben und alle Begegnung mit Menschen mit sich bringen.
Das zieht mich ja auch immer wieder bei Franziskus an, dieser Wechsel von Aktion und Kontemplation. Oder auch die Aussage bei Carlo Carretto (in: Unser Weg durch die Wüste): »In die Wüste gehen meint, sich in einem Zimmer einschließen, allein in einer leeren Kirche sein, sich eine Andachtsecke einrichten, wo man den persönlichen Kontakt mit Gott pflegen, wo man Frieden finden kann. In die Wüste gehen bedeutet, von Zeit zu Zeit einen ganzen Tag dem Gebet widmen, auf einen einsamen Berg steigen, nachts aufstehen, um zu beten.« – Die Wüste – oder das Schweigen – ist der Ort der Reife.

Abschließend ein mir kostbares Gebet von Charles de Foucauld:
Mein Vater, dir gebe ich mich ganz hin.
Was du auch mit mir tust – ich danke dir.
Ich bin bereit zu allem und nehme alles an,
wenn sich nur dein Wille an mir
und an allen Geschöpfen erfüllt.
Ich möchte nichts anderes, mein Gott.
In deine Hände befehle ich meine Seele.
Ich liebe dich, mein Gott,
und deshalb übergebe ich sie dir
mit der ganzen Liebe meines Herzens.
Aus Liebe möchte ich mich dir immer wieder hingeben,
ohne Vorbehalte,
vertrauensvoll.
Denn du bist mein Vater.

Sr. Lore Scheurer

Offensive Junger Christen (OJC)

Ernst-Ludwig-Straße 29, Postfach 83, 6140 Bensheim,
Tel. (06251) 3 90 61

Großfamilie
4 Ehepaare und 7 Unabhängige, dazu jeweils eine »Jahresmannschaft« von ca. 15 jungen Leuten zwischen 18 und 28 Jahren
Leitung: Team
1968 gegründet durch Horst-Klaus und Irmela Hofmann.

Impulse
H.-K. Hofmann bekam als CVJM-Generalsekretär entscheidende Anstöße zur gesellschaftlichen Auseinandersetzung durch die »Moralische Aufrüstung«. Im engen Kontakt mit der »Evangelischen Marienschwesternschaft« und vor dem Hintergrund der Studentenunruhen begann er 1968 die »Offensive« als Tagungsarbeit für unzufriedene Schüler und Studenten.

Geistliches Leben
Verbindlich für alle ist die morgendliche Stunde der Stillen Zeit; anschließend freiwilliger Austausch in Gruppen. Täglich biblisches Gespräch und gemeinsame Gebetszeit. Besuch der Gottesdienste am Ort (evang. und kath.).

Aufgaben und Einrichtungen
Hauptziel ist die praktische Einübung in ein Christsein mit der Konsequenz eines verantwortlichen Lebensstils, zu dem auch das Teilen mit Freunden in der Dritten Welt gehört: »Werkstatt für die Zukunft«.
Außerdem: Erarbeitung von Dokumentationen und Publikationen zu Zeitfragen.
Konferenzarbeit zu Themen aus dem Bereich Ökologie, Alternativtechnik, Friedensarbeit und Nord-Süd-Konflikt; regelmäßige Tagungen für Pädagogen (Autorität, Emanzipation, Lebensstil...); Seelsorge-Ausbildung für hauptamtliche und Laien-Mitarbeiter in Gemeinden und Kirchen.
Finanziell wird die Arbeit (auch Unterstützung der Dritte-Welt-Projekte) ausschließlich von Spenden getragen.
Die »Kolonie« in Bensheim besteht aus mehreren Häusern auf einem Garten- und Waldgrundstück am Stadtrand.
»Institut für Jugend und Gesellschaft« in Bensheim.
Forschungsstätte und Dritte-Welt-Kontakt-Stelle.

Eigene Tagungsstätte: Schloß Reichenberg im Odenwald. »Seminar für biblische Seelsorge-Ausbildung« und (im Aufbau) »Internationale Ökologische Akademie«.

Der vierseitige Raum der Seelsorge

Wir können Orte schaffen helfen,
von denen der helle Schein der Hoffnung in die Dunkelheit
der Erde fällt.
Fr. von Bodelschwingh

Auf Schloß Reichenberg im Odenwald, unserer Tagungs- und Begegnungsstätte, waren Studentenpfarrer und Mitarbeiter missionarischer Universitätsgruppen zum Erfahrungsaustausch zusammen. Alle Beteiligten spürten, wie wenig sie den Herausforderungen ihrer Arbeit im vielschichtigen und notvollen Feld der Studentenschaft gewachsen waren.
Im Verlauf der Tage berichtete einer nach dem anderen von seiner Seelsorgearbeit. Mir fiel die Aufgabe zu, für unsere Gemeinschaft, die »Offensive Junger Christen«, zu sprechen. Seit mehr als zehn Jahren bemühen wir uns, die Entwicklung von Gesellschaft und Jugend zu verstehen, den Denkmächten unserer Zeit mit dem Evangelium zu begegnen und die Nöte einzelner so ernst zu nehmen, daß wir dem persönlichen Gespräch Vorrang vor vielen anderen wichtigen Aufgaben einräumen.
Die jungen Erwachsenen, die zu uns kommen, sind so unterschiedlich in ihrer Herkunft und Lebensart, daß es keine zwei Gespräche gibt, die annähernd gleichartig verlaufen. Außerdem ist jeder Mitarbeiter auf seine eigene originelle Art geistlich gewachsen, und es gibt für unsere Gesprächsführung keine einheitlichen Regeln. – Wie läßt sich dann aber das Gemeinsame unserer Seelsorge, die wir so unterschiedlich handhaben, für andere einsichtig machen?
Über diese Frage dachte ich in der Stille am Morgen nach. Da trat mir das Bild vom Raum der Seelsorge so plastisch vor Augen, daß es möglich wurde, mit seiner Hilfe unsere Art der Seelsorge zu beschreiben.
Im Raum der Seelsorge sehe ich vier Wände.
Die erste nenne ich die »Klagemauer«, den Ort, an dem der Mensch, der diesen Raum betritt, zuerst einmal sein Herz ausschütten kann, alles aussprechen und über seinen Kummer klagen.
Dem schweigenden Zuhören folgen Fragen. Sie wollen dem anderen helfen, die Ursache seiner Nöte herauszufinden. Nur der lernt, sich ihnen zu stellen, der sie nicht länger beschönigt oder beiseite schiebt, sondern sie beim Namen nennt.

Wer diesen Schritt mitgeht, steht, zusammen mit dem Seelsorger, an der zweiten Wand, an der »Stellwand«. Es gehört zum Schwersten im Leben, sich der Wahrheit über sich selbst zu stellen. Deshalb brechen hier manche das Gespräch lieber ab, als daß sie sich mit den verborgenen Sehnsüchten und dem Begehren ihres Herzens auseinandersetzen. Wir müssen Menschen weggehen lassen können in der Gewißheit, daß Gottes Arm weiter reicht und seine Liebe größer ist als unsere.

An dem Ort des »Sich-der-Wirklichkeit-Stellens« geschieht auch die Auseinandersetzung mit der eigenen Vergangenheit und dem Elternhaus.

Der Mensch, der sein Herz zu öffnen beginnt, geht nun weiter an die dritte Wand, die »Glaswand«. Durch sie scheint von außen die Sonne herein. Sie ist Symbol für das Licht Gottes, in dem wir alle unsere Lebenswege in einem neuen Licht sehen lernen. Im hellen Schein des Evangeliums wird Schuld erkannt, aber zugleich auch abgeladen, vergeben und ausgelöscht durch Christi Blut. Wo vorher Verzweiflung und Hoffnungslosigkeit den Weg in Depression und Dunkelheit vorgezeichnet hatten, beginnt hier Umkehr, Lebenserneuerung und Liebe.

Die vierte Wand im Raum der Seelsorge nenne ich die »Wand mit der Tür«. Sie führt zu einem neuen Lebensabschnitt.

Unsere Seelsorge zielt darauf, junge (und auch nicht mehr ganz junge) Menschen zur Nachfolge Christi in der heutigen Welt zu ermutigen. Viele müssen dafür zuerst aus dem Kreisen um sich selbst und aus dem Kreisen um ihre christlichen Kreise herausgerufen werden in eine zielgerichtete Bewegung auf Gott hin.

Seelsorge geschieht in Gesprächen, geschieht aber auch im Zusammenleben und in der Stille, in dem Raum, in dem Gott an uns handelt.

Irmela Hofmann, 1980

Anhang: Angebote der Gemeinschaften

Gemeinschaft	Haus	Angebote	Fremd-tagungen	Einzelgäste	Mitleben u.ä.
Ahldener Bruderschaft	Geistl. Rüstzentrum Krelingen	Freizeiten für Familien, Mütter, Schüler, Studenten...	u.U.	ja	1 Jahr Vorstudium für Theologiestudenten; Rehabilitation für Drogen-abhängige; Altenwohnheim
Ansverus-Bruderschaft	Ansverushaus bei Hamburg	Ausgesonderte Tage, Retraiten, Seminare, Gestaltung der Festtage u.a.	kirchl. Gruppen	ja	Teilnahme an Konventen und anderen Veranstaltungen der Bruderschaft möglich
Bahnauer Bruderschaft	Evangelische Missionsschule Unterweissach	Theologische Konferenzen, Jahreskonferenzen, Jugendtag	kleine Gruppen	selten	Mitarbeit bei Camping-diensten von »Kirche unterwegs«
Basisgemeinde Wulfshagenerhütten	bei Kiel		u.U. möglich	ja	Gäste können das Leben mit der Gemeinde teilen (mindestens 1 Woche)
Bruderschaft vom gemeinsamen Leben	(Burg Egloffstein, Fränkische Schweiz)	Sommer-Einkehrzeiten	—	—	Mitleben im Einzelfall möglich

Gemeinschaft	Haus	Angebote	Fremdtagungen	Einzelgäste	Mitleben u.ä.
Bruderschaft vom Kreuz	Haus der Begegnung in Naila	Freizeiten v.a. für Lehrer; Seminare für Gemeindeaufbau	möglich		
Christusbruderschaft Selbitz	Gästehaus	Freizeiten versch. Art, Tage der Stille	ja	ja	Diakonische Helfer, Ferienhilfen, ZDL
Christusbruderschaft Falkenstein	Gästehaus	Freizeiten versch. Art			
Christusträger	Gästehaus in Bensheim und Hergershof, Gut Rallingen am Thunersee	Freizeiten, Rüstzeiten, Arbeitsgruppen	—	ja	Mitleben für kürzere Zeit möglich
(Communio Christi)					
Communität Casteller Ring	Tagungs- und Bildungsstätte Schloß Schwanberg bei Kitzingen	Biblische Besinnungstage und -wochenenden, Feier der Kar- und Ostertage; Jugendprogramme	ja	ja	»Experiment Gemeinschaft« (Diakonisches Jahr) ½ oder 1 Jahr; Möglichkeit zum Kennenlernen für junge Frauen

Gemeinschaft	Haus	Angebote	Fremdtagungen	Einzelgäste	Mitleben u.ä.
Communität Lindenhof	einfache Gästezimmer in Geislingen	meditative und kreative Tagungen, theologische Seminare u. Seelsorgekurse v.a. für Theologiestudenten	bis 15 Personen (Eigenversorgung)	Einzelgäste und Familien (Alternativurlaub)	Mitleben (½ oder 1 Jahr) nach sorgfältiger Absprache
Communitaet Simonshofen	kleine Tagungsstätte bei Lauf	Seminare, Weihnachts- und Ostertreffen	kirchl. Gruppen	ja	»Communitaet auf Zeit« (1 Woche bis 1 Jahr)
(Diakonissen-Kommunität Zionsberg)					
(Evang.-Luth. Gebetsbruderschaft)		(jährliche Konvente)			
Evang.-Luth. Humiliaten-Orden	Gästehaus in Hamburg	Rüstzeiten			
Evang. Franziskanerbruderschaft	(Einkehrhaus des Lehmgrubener Diakonissenmutterhauses)	Tagungen, Biblische Besinnungstage	—	u.U.	
Evangelische Gabriels-Gilde	Haus der Stille in Berlin	Meditationskurse, Tagungen	ja	ja	

Gemeinschaft	Haus	Angebote	Fremdtagungen	Einzelgäste	Mitleben u.ä.
Evangelische Lukas-Communität	Haus der Stille »Bethlehem« bei Hannover	Einkehrzeiten			Gäste leben in der Kommunität mit; Betreuung nichtheiler Menschen
Evangelische Marienschwesternschaft	»Kanaan« in Darmstadt	zur Zeit keine	—	—	Mitarbeit und Mitleben als Kanaanhelferin (mind. 3 Wochen); Diakonisches Jahr; 2 ZDL-Plätze
Evangelische Michaelsbruderschaft	Berneuchener Haus Kloster Kirchberg	Tagungen und Einkehrzeiten versch. Art	in einer dem Haus angemessenen Art (Tagzeitengebete)	ja	Diakonisches Jahr; 2 ZDL-Plätze
Evangelische Schwesternschaft Ordo Pacis	Haus bei Hamburg	Einzel- und Gruppenretraiten	—	ja	einzelne können für kürzer oder länger das Leben der Schwestern teilen
Evangelischer Schwesternkonvent	Wohnung in Nürnberg	—	—	ja	Mitleben für kürzere Zeit möglich

Gemeinschaft	Haus	Angebote	Fremd-tagungen	Einzelgäste	Mitleben u.ä.
(Freudenstädter Kreis)					
(Heliand-Bruderschaft)		Meditationstagungen, »Kleinkreise«			
(Hochkirchliche St. Johannes-Bruderschaft)					
(Irenenring)		interne Freizeiten und Treffen		Gäste sind willkommen	
Jesus-Bruderschaft Gnadenthal	Haus der Stille und Nehemia-Hof in Gnadenthal	Einkehrtage, geistliche Seminare, Jugendtreffen, Familienfreizeiten u.a.	nur ausnahmsweise	ja	Lebensschule (1 Jahr das gemeinsame Leben teilen – 18- bis 30jährige); ZDL-Plätze; Lehre in Landwirtschaft, Schreinerei, Verlag u.a.
Johanniterorden		Arbeitsgemeinschaften für Gegenwartsfragen, Akademikertagungen, Meditationsrüstzeiten		Teilnahme von Gästen jederzeit möglich	

Gemeinschaft	Haus	Angebote	Fremdtagungen	Einzelgäste	Mitleben u.ä.
Kleine Brüder vom Kreuz	Hof Beutzen bei Hermannsburg	Einkehr- und Studientagungen	—	bekannte Personen	Mitleben im Einzelfall nach Absprache möglich
Kloster Amelungsborn	Gästehaus des Klosters	Einkehrtagungen u.a.	—		Mitleben u.U. möglich
Koinonia	Haus der Stille Domkloster Ratzeburg	Einkehrzeiten versch. Art	—	in Ratzeburg, Hermannsburg oder Bückeburg	»Klosterschule«, »Jahr der Einkehr«, »Communitätsseminar« in Bückeburg
Kommunität Adelshofen	Lebenszentrum Adelshofen	versch. Freizeiten, Treffen, Konferenzen, Lehrgänge	—	ja	Lebensschule (1 Jahr) Bibelschule (8 Semester)
Kommunität Imshausen			—	ja	
Laurentiuskonvent	Laurentiushof in Wethen und bei Paderborn	Tage der offenen Tür, gelegentl. Werkstattseminare für Menschen, die gemeinsames Leben planen	—	in beschränktem Maß	Mitleben vereinzelt möglich

Gemeinschaft	Haus	Angebote	Fremdtagungen	Einzelgäste	Mitleben u.ä.
Lebensgemeinschaft für die Einheit der Christen	Schloß Craheim bei Schweinfurt	geistliche und seelsorgerliche Tagungen, Eheseminare	ja	ja	Jahresmannschaft
Nagelkreuzgemeinschaft		Einkehrtage in der Karwoche und Ende der Sommerferien			
Ökumenischer St. Lukas-Orden		Tagungen und Fortbildung für Ärzte und Seelsorger, Meditationskurse, Autogenes Training			
Offensive Junger Christen	Tagungsstätte Schloß Reichenberg im Odenwald	Tagungen, Seminare, Konferenzen (Seelsorge, Pädagogik, Friedensarbeit, Ökologie u.a.)	—	in Bensheim	Jahresmannschaft
Pfarrer-Gebetsbruderschaft		Einkehrtage, Rüstzeiten, Studienkurse u.ä. für Pfarrer(innen), Vikare, Theologiestudenten			

Gemeinschaft	Haus	Angebote	Fremd-tagungen	Einzelgäste	Mitleben u.ä.
(St. Athanasius-Bruderschaft)					
St. Jakobus-Bruderschaft	Hans-Asmussen-Haus in Dalherda/Rhön	Gebetstage für den Freundeskreis; ökumen. Feriengemeinsch.; Jugend- und Konfirmandenrüstzeiten	ja	ja Möglichkeit auch für Familienveranstaltungen	
St. Johannis-Konvent	Haus in der Fränkischen Schweiz	thematische Tagungen; »Heilende Gruppe«; Fastenklausuren, Urlaubszeiten u.a.	—	ja	Mitleben in verschiedener Weise möglich
Sydower Bruderschaft		Tagungen und Veranstaltungen sind auch für Gäste offen		ja	
Vita communis	(Haus Zion bei Waiblingen)	Einkehrtagungen			

Literatur

Die folgende Auswahl beschränkt sich auf die wichtigste Literatur zum Themenbereich dieses Buches. Ausführliche Literaturangaben finden sich in J. Halkenhäusers grundlegendem Werk »Kirche und Kommunität« (s.u.); sie sind in der 2. Auflage von 1985 auf den neuesten Stand gebracht.

Biot, François: Evangelische Ordensgemeinschaften, Mainz 1962

Bonhoeffer, Dietrich: Gemeinsames Leben, München ^{18}1982

Bonhoeffer, Dietrich: Nachfolge, München ^{13}1982

Claß, Helmut: Gelebte Bruderschaft, Gnadenthal 1983

Evangelische Spiritualität. Überlegungen und Anstöße zur Neuorientierung, vorgelegt von einer Arbeitsgruppe der EKD, Gütersloh 1979

Gornik, Herbert A. (Hg.): Anders leben. Christliche Gruppen in Selbstdarstellungen, Gütersloh 1979

Gornik, Herbert A. (Hg.): Ich lebe anders. Persönliche Versuche eines alternativen Lebensstils, Gütersloh 1980

Großmann, Siegfried (Hg.): Christsein 70. Junge Bewegungen berichten, Kassel ^{2}1970

Halkenhäuser, Johannes: Kirche und Kommunität. Ein Beitrag zur Geschichte und zum Auftrag der kommunitären Bewegung in den Kirchen der Reformation, Paderborn ^{2}1985 (Lit.)

Heinz-Mohr, Gerd: Christsein in Kommunitäten, Stuttgart 1968

Hümmer, Walter: Neue Kirche in Sicht? Marburg 1970

Kortzfleisch, Siegfried von: Mitten im Herzen der Massen. Evangelische Orden und Klienten der Kirche, Stuttgart 1963

Krüger, Günther: Lebensformen christlicher Gemeinschaften. Eine pädagogische Analyse, Heidelberg 1969

Löwe, Hartmut (Hg.): Ökumene im bruderschaftlichen Leben. Beiträge evangelischer und katholischer Kommunitäten, Reihe: Kirche zwischen Planen und Hoffen, Heft 3, Kassel 1970

Meinhold, Peter: Außenseiter in den Kirchen. Was wollen die modernen Erneuerungsbewegungen? Ein Bericht über Organisation und Zielsetzung, Herder Taschenbuch 598, Freiburg 1977

Mohaupt, Lutz (Hg.): Modelle gelebten Glaubens. Gespräche der Lutherischen Bischofskonferenz über Kommunitäten und charismatische Bewegungen, Hamburg 1976

Präger, Lydia (Hg.): Frei für Gott und die Menschen. Evangelische Bruder- und Schwesternschaften in Selbstdarstellungen, Stuttgart [2]1964
Reimer, Ingrid (Hg.): Alternativ leben in verbindlicher Gemeinschaft. Evangelische Kommunitäten, Lebensgemeinschaften, Junge Bewegungen, Stuttgart 1979
Riesner, Rainer: Formen gemeinsamen Lebens im Neuen Testament und heute, Gießen und Basel [2] 1984
Roger, Frère: Die Regel von Taizé, dt./franz, Herder Taschenbuch 365, Freiburg [12]1980
Schleiter, Wilhelm: Evangelisches Mönchtum? Entwicklung und Aufgabe der Bruder- und Schwesternschaften in der Kirche, Stuttgart 1964
Stamm, Heinz M.: Luthers Stellung zum Ordensleben, Wiesbaden 1980
Stökl, Andreas: Taizé. Geschichte und Leben der Brüder von Taizé, Reihe: GTB/Siebenstern, Bd. 184, Gütersloh [3] 1978

Lexikonartikel und Kurzübersichten

Halkenhäuser, J.: Art. Kommunitäten, in: Evangelisches Soziallexikon, hg. von Th. Schober u.a., Stuttgart 1980
Halkenhäuser, J.: Art. Kommunitäten, Bruder- und Schwesternschaften, in: Ökumene-Lexikon, hg. von H. Krüger u.a., Frankfurt/M. 1983
Krause, G., Stupperich, R., Hage, G. u.a.: Art. Bruderschaften, Schwesternschaften, Kommunitäten, in: Theologische Realenzyklopädie Bd. 7, Berlin/New York 1981
Mumm, Reinhard: Art. Konfessionen. Bruderschaften und Kommunitäten in evangelischen Kirchen, in: Christliches ABC heute und morgen, Bad Homburg
Evangelische Orden und Bruderschaften, in: Adressenwerk der evangelischen Kirchen, Frankfurt/M. 1984 (S. 731-749)

Beiträge in Zeitschriften und Reihen

»Meditation« – Anstöße für den christlichen Vollzug, hg. v. Ursula von Mangoldt, Verlag Christianopolis, Säckingen
»Quatember« – Vierteljahreshefte für Erneuerung und Einheit der Kirche, hg. v. d. Evang. Michaelsbruderschaft und v. Berneuchener Dienst, Johannes Stauda Verlag, Kassel

»Schwanbergbrief«, hg. v. d. Communität Casteller Ring, Schloß Schwanberg/Rödelsee
»Una Sancta« – Zeitschrift für ökumenische Begegnung, hg. v. d. Una-Sancta-Arbeitsgemeinschaft der Christkönigsschwestern in Meitingen, Kyrios-Verlag, Meitingen
»Kirche zwischen Planen und Hoffen« – Eine Schriftenreihe, hg. v. d. Evang. Michaelsbruderschaft, Johannes Stauda Verlag, Kassel

Aktuelle Informationen über die einzelnen Gemeinschaften bekommt man aus ihren Rundbriefen und Freundesbriefen, aus Prospekten, Faltblättern u.ä.

Verzeichnis der Gemeinschaften